国家出版基金项目
NATIONAL PUBLICATION FOUNDATION

中国特色社会主义根本政治制度
人民代表大会制度纪实

总　顾　问　王汉斌
编委会主任　乔晓阳

人大自身建设

唐　亮　万恒易　梁　明 / 编著

中国出版集团
中国民主法制出版社

全国百佳图书
出版单位

图书在版编目（CIP）数据

人大自身建设/唐亮，万恒易，梁明编著．—北京：
中国民主法制出版社，2023.4

（中国特色社会主义根本政治制度：人民代表大会
制度纪实/杨积堂，吴高盛主编）

ISBN 978-7-5162-3573-7

Ⅰ．①人…　Ⅱ．①唐…②万…③梁…　Ⅲ．①人民代
表大会制—研究—中国　Ⅳ．①D621

中国国家版本馆 CIP 数据核字（2024）第 066141 号

图书出品人：刘海涛
出版统筹：贾兵伟
责任编辑：张　霞

书名/人大自身建设
作者/唐　亮　万恒易　梁　明　编著

出版·发行/中国民主法制出版社
地址/北京市丰台区右安门外玉林里 7 号（100069）
电话/（010）63055259（总编室）　83910658　63056573（人大系统发行）
传真/（010）63055259
http：// www.npcpub.com
E-mail：mzfz@npcpub.com
开本/16 开　700 毫米×1000 毫米
印张/15.5　字数/162 千字
版本/2024 年 6 月第 1 版　2024 年 6 月第 1 次印刷
印刷/三河市宏图印务有限公司

书号/ISBN 978-7-5162-3573-7
定价/58.00 元

中国特色社会主义根本政治制度
——人民代表大会制度纪实

编 委 会

总　顾　问　　王汉斌

主　　　任　　乔晓阳

副　主　任　　李连宁　　陈斯喜　　刘振伟

委　　　员　　万其刚　　刘海涛　　杨积堂

　　　　　　　吴高盛　　张桂龙　　王　敏

　　　　　　　贾兵伟　　张　涛　　周小华

　　　　　　　张　霞

执行总主编　　杨积堂　　吴高盛

出 版 说 明

"乔木亭亭倚盖苍，栉风沐雨自担当。"在第一届全国人民代表大会第一次会议上，毛泽东同志向世人宣告："我们正在做我们的前人从来没有做过的极其光荣伟大的事业。我们的目的一定要达到。我们的目的一定能够达到。"

从 1954 到 2024 年，人民代表大会制度已走过 70 年。为记录人民代表大会制度发展历程，宣传中国特色社会主义根本政治制度，阐释中国特色社会主义道路自信、制度自信，中国民主法制出版社于 2017 年策划"中国特色社会主义根本政治制度——人民代表大会制度纪实"项目，计划用 1600 万字 20 册图书，对人民代表大会制度在我国的建立发展进行较完整的记录。

历时 6 年，几易框架，无数次讨论修改，最终收稿 3000 万字。3000 万字分理论和纪实两大部分，详述人民代表大会的制度总论、发展历程、自身建设及立法、重大事项决定、选举任免、监督、代表、会议、对外交往等重要工作。理论部分 340 余万字，其中自身建设、重大事项和对外交往三个板块根据工作实际和写作安排，理论纪实合为一册，归入理论板块。立法、监督、选举任免、代表工作、会议五个板块的纪实部分共计 2600 余万字。两大部分通过梳理历届全国人民代表大会会议议程，记录我国根本政治制度的发展历程；通过收录全国人民代表大会及其常务委员会会议作出的决定、批准的重大事项等文件及各专门委员会的文件、报告，为研究中国特色人民代表大会制度整理、保存重要文献，宣传实现我国全过程人民民主的重要制度载体的工作机制。

为保持项目的完整性和对人民代表大会制度记录的客观性，同时适应新时代资料保存查阅的新方式新手段，经多次组织专家讨论、内部研究，项目用20册图书、40个视频、1个数据库将这3000余万字全部收录，将人民代表大会制度70年的历程完整记录、如实呈现。其中人大立法工作纪实、人大监督工作纪实、人大会议工作纪实的具体内容均收入"人民代表大会制度纪实"数据库，目录作为索引以图书形式呈现。

项目实施过程中，从总顾问王汉斌同志、编委会主任乔晓阳同志，到刚入校门的大学生，先后百余人参与其中。从框架搭建、内容研讨、资料收集、板块汇编、归类整理到书稿撰写、初稿审读、编辑加工，我们遇到许多意想不到的困难，好在"众人拾柴火焰高"，各方都投入了极大热情，这些困难也一一得到克服。其间，全国人大图书馆、全国人大有关同志给予了我们雪中送炭般的支持。

人民代表大会制度植根于中国历史文化沃土，蕴含着中华文明丰富的政治智慧和治理经验，体现了天下为公、天下大同的社会理想，九州共贯、多元一体的大一统传统，民惟邦本、本固邦宁的民本思想，德主刑辅、法明令行的法治精神。新的伟大征程上，我们要更加坚定制度自信，不断发展具有强大生命力的全过程人民民主。

2024 年是中华人民共和国成立 75 周年，也是全国人民代表大会成立 70 周年、地方人大设立常委会 45 周年，谨以"中国特色社会主义根本政治制度——人民代表大会制度纪实"向祖国献礼！

　　"六年磨一剑"，其中一定还有许多疏漏和不足，我们希望"中国特色社会主义根本政治制度——人民代表大会制度纪实"项目能为坚持好、完善好、运行好人民代表大会制度尽微薄之力。

2024 年 6 月

　　习近平总书记指出，人民代表大会制度是坚持党的领导、人民当家作主、依法治国有机统一的根本政治制度安排，是党领导国家政权机关的重要制度载体。100 多年前，中国共产党一经诞生，就把为中国人民谋幸福、为中华民族谋复兴确立为自己的初心和使命，为实现人民当家作主进行了不懈探索和奋斗。在新民主主义革命时期，以毛泽东同志为主要代表的中国共产党人，创造性地提出实行人民代表大会制度的构想。1945 年 4 月，毛泽东同志就说："新民主主义的政权组织，应该采取民主集中制，由各级人民代表大会决定大政方针，选举政府。它是民主的，又是集中的，就是说，在民主基础上的集中，在集中指导下的民主。只有这个制度，才既能表现广泛的民主，使各级人民代表大会有高度的权力；又能集中处理国事，使各级政府能集中地处理被各级人民代表大会所委托的一切事务，并保障人民的一切必要的民主活动。"1954 年 9 月，第一届全国人民代表大会第一次会议召开，通过了《中华人民共和国宪法》，标志着人民代表大会制度这一国家根本政治制度正式建立。

　　经过 70 年的实践发展，人民代表大会制度更加成熟、更加定型，焕发出蓬勃生机活力。2021 年 10 月 13 日习近平在中央人大工作会议上的讲话中强调："实践证明，人民代表大会制度是符合我国国情和实际、体现社会主义国家性质、保证人民当家作主、保障实现中华民族伟大复兴的好制度，是我们党领导人民在人类政治制度史上的伟大创造，是在我国政治发展史乃至世界政治发展史上具有重大意义的全新政治制度。"

70 年来，在中国共产党的领导下，全国人大及其常委会、地方各级人大及其常委会不断探索实践、创新发展，人民代表大会制度的理论体系不断完善，人大工作积累了极其丰富的实践成果。这些理论和实践成果，是进一步坚持好、完善好、运行好人民代表大会制度的重要基石。为了深入贯彻习近平总书记关于坚持和完善人民代表大会制度的重要思想，积极发展全过程人民民主，健全人民当家作主制度体系，继往开来，守正创新，开创人大工作新局面，中国民主法制出版社组织立法机关有关同志、从事人大理论研究的相关学者和人大工作领域的实务专家，对人民代表大会制度的理论和实践进行了全面梳理，形成了"中国特色社会主义根本政治制度——人民代表大会制度纪实"项目，并获得了国家出版基金资助。

项目从人民代表大会制度总论、人民代表大会制度发展历程、人大代表选举制度和人大人事任免制度、人大立法制度、人大代表工作制度、人大讨论决定重大事项制度、人大监督制度、人大会议制度、人大自身建设、人大对外交往工作等十个方面，阐述了"中国特色社会主义根本政治制度——人民代表大会制度"的制度创建、自身建设和发展历程，全面梳理了人大行使立法、监督、决定、选举任免等职权的制度体系，并对人大会议制度、人大代表工作、人大对外交往工作做了详尽汇览。

项目在实施过程中，力图在梳理理论体系的同时，尽量根据现有文献和资料，将人民代表大会制度发展进程中和人大工作全过程各环节相关制度成果加以汇总，为现在和未来的人大工作者、人大理论研究者提供尽可能翔实的人大知识宝库。

这是迄今为止收录内容最为完整的一套人大纪实丛书，为了体现中国特色社会主义根本政治制度的伟力，让更多国人了解和熟悉这一制度的逻辑，每一板块我们都进行了导读设计，从而更有利于读者提纲挈领地加以掌握。

今年是中华人民共和国成立 75 周年，也是全国人民代表大会成立 70 周年。我们谨以"中国特色社会主义根本政治制度——人民代表大会制度纪实"项目，向人民代表大会制度致敬，向祖国献礼。

晋晓阳

2024 年 6 月

　　2021年10月13日，习近平总书记在中央人大工作会议上提出，各级人大及其常委会要成为自觉坚持中国共产党领导的政治机关、保证人民当家作主的国家权力机关、全面担负宪法法律赋予的各项职责的工作机关、始终同人民群众保持密切联系的代表机关。习近平总书记提出的这"四个机关"的要求，为各级人大及其机关的自身建设指明了正确方向，是新时代加强人大机关建设的新定位、新目标、新抓手。

目录

第一章

全国人大组织制度

人民代表大会的组织制度，通常是指全国人大及其常委会的组织制度、县级以上地方各级人大及其常委会的组织制度以及乡镇人大的组织制度。在本书中，我们只从微观的角度来观察、介绍全国人大和地方各级人大的组织制度，也就是着重介绍他们各自的组成部分。

新中国成立以来，全国人大及其常委会组织制度不断发展完善，为充分发挥国家权力机关作用，坚持和完善人民代表大会制度，持续推动社会主义民主法治建设提供了重要组织保障。

第一节　改革开放前人大代表名额 及其确定的原则

人大代表名额，对于人大来说，是个看上去"不大"、实质上却是至关重要的问题。人大代表数量多少，或者说人大的规模大小，这不是一个小问题。道理很简单，人民代表大会是国家权力机关，必须解决权力来源的合法性（正当性）问题。它的组成人员——人大代表是由民主选举产生的，是受人民委托到国家权力机关来行使政权的。[1]人民代表大会是代表机关、代议机关，是人大代表执行职务、履行职责的机关，人大代表的名额、数量，既关系人大代表的广泛性、代表性，也关系人大的规模及其职权行使，更关系人大的权威性。总之，这是一个很重要的问题。

关于全国人大代表和常委会组成人员的名额，有一个发展演变的过程。

1949年9月21日，中国人民政治协商会议第一届全体会议（以下简称新政治协商会议）开幕。毛泽东同志指出，这"是在完全新的基础之上召开的，它具有代表全国人民的性质，它获得全国人民的信任和拥护。因此，中国人民政治协商会议宣布自己执行全国人民代表大会的职权"[2]。正是因为中国人民政治协商会议第一届全体会议代表全国人民的意志，执行了全国人民代表大会的职权，"我们全体一致宣告了中华人民共和国的成立"[3]，所以本章就从这里开始介绍人大代表名额的相关制度规定及其理由（理论）。

一、参加新政治协商会议的单位及其代表名额

1949年6月15日—19日，新政治协商会议筹备会第一次全

---

〔1〕 邓小平同志说："要在普选的基础上，产生人民行使政权的各级人民代表大会。"见邓小平：《关于〈中华人民共和国全国人民代表大会及地方各级人民代表大会选举法（草案）的说明〉》，《邓小平文集（一九四九—一九七四）》中卷，人民出版社2014年版，第60页。

〔2〕 毛泽东：《中国人从此站立起来了》，《毛泽东文集》第五卷，人民出版社1996年版，第343页。

〔3〕 朱德：《中国人民政治协商会议第一届全体会议闭幕词》，全国人大常委会办公厅、中共中央文献研究室编：《人民代表大会制度重要文献选编》（一），中国民主法制出版社、中央文献出版社2015年版，第87页。

体会议在北平（今北京）召开。参加会议的包括：中国共产党和各民主党派、各人民团体、各界民主人士、国内少数民族、海外华侨等23个单位，134人。会议通过的《关于参加新政治协商会议的单位及其代表名额的规定》共有5项，第一条规定："参加新政治协商会议的单位及其代表名额，定为下列四十五个单位，代表总额五百一十名。"[1] 其中，党派代表142人，区域代表102人，军队代表60人，团体代表206人。第三条规定，另设一特别邀请单位，其代表资格、名额与人选，均由新政治协商会议筹备会常务委员会提出。这也就是授权常委会来处理特别邀请单位的有关问题。[2]

1949年9月21日—30日，中国人民政治协商会议第一届全体会议隆重举行。参加新政治协商会议的代表共662名。其中，正式代表510人，候补代表77人，特别邀请人士75人，党外人士约占总人数的56%。他们"代表着全中国所有的民主党派，人民团体，人民解放军，各地区，各民族和国外华侨"[3]。

珍藏在中央档案馆的《中国人民政治协商会议第一届全体会议代表名单》（以下简称《名单》），记录了参会单位及其代表名额情况。

根据《名单》记载，当时共有5个方面、45个单位的代表受邀参会。其中，党派代表有14个单位的142名正式代表和23

---

〔1〕《关于参加新政治协商会议的单位及其代表名额的规定》，政协全国委员会办公厅、中共中央文献研究室编：《人民政协重要文献选编》（上），中央文献出版社、中国文史出版社2009年版，第21页。

〔2〕李维汉：《〈关于参加新政治协商会议的单位及其代表名额的规定（草案）〉的说明》，政协全国委员会办公厅、中共中央文献研究室编：《人民政协重要文献选编》（上），中央文献出版社、中国文史出版社2009年版，第28页。

〔3〕毛泽东：《中国人从此站立起来了》，《毛泽东文集》第五卷，人民出版社1996年版，第342页。

名候补代表；区域代表有 9 个单位的 102 名正式代表和 14 名候补代表；军队代表有 6 个单位的 60 名正式代表和 11 名候补代表；团体代表有 16 个单位的 206 名正式代表和 29 名候补代表；特别邀请人士 75 名。当这 662 人的名单确定后，印制成一本册子送给毛泽东审阅，他幽默地说："这是一本天书。"[1] 足见这份名单的分量，因为这本"天书"上的人，都是各方面的代表，也是经过广泛协商才产生的。当然，更是因为"天书"上的这些人，作为全国各族各界的代表，他们要讨论和决定成立新国家的重大问题，使命和责任重大。

二、1953 年选举法关于确定各级人大代表名额的原则

1953 年 2 月 11 日，中央人民政府委员会第二十二次会议通过《中华人民共和国全国人民代表大会及地方各级人民代表大会选举法》，对各级人民代表大会的代表名额"做出适当的规定"[2]。这种"适当"，首先就体现在确定人大代表名额的原则上。

邓小平同志在关于这部选举法草案的说明中指出，对于各级人大代表的名额，是"依据这样两个原则来拟定的"[3]。当然，实际上，是有 3 个原则。现分述如下。

---

〔1〕 宋香蕾：《"数说"新政治协商会议代表的广泛性》，《中国档案报》2020 年 7 月 17 日（总第 3552 期）第 1 版。

〔2〕 邓小平：《关于〈中华人民共和国全国人民代表大会及地方各级人民代表大会选举法（草案）的说明〉》，《邓小平文集（一九四九——一九七四）》中卷，人民出版社 2014 年版，第 60 页。

〔3〕 邓小平：《关于〈中华人民共和国全国人民代表大会及地方各级人民代表大会选举法（草案）的说明〉》，《邓小平文集（一九四九——一九七四）》中卷，人民出版社 2014 年版，第 60 页。

（一）"它必须使各级人民代表大会是具有工作能力的国家政权机关"[1]

人大是要开展工作、行使职权的工作机关，而不是清谈馆。这一原则的实质就是确定人大的规模，其出发点和目的是既便于召集会议，又便于讨论问题和解决问题。因此，人大代表名额必须是适当的，选举法规定的地方各级人大代表名额，在多数地方都比当时的各界人民代表会议的代表名额要少，甚至少得多。这是因为，代表名额较多，"在进行宣传动员和训练干部这些方面固有好处，但在行使人民代表大会职权上，却不甚便利"[2]。也就是说，人大代表名额多固然有好处，但是不便于开会、行使职权，有利有弊，因此，权衡的结果，还是要以便于行使职权为重。

（二）"它必须使各级人民代表大会与人民之间具有密切的联系，在人民代表大会中，既须有相当于社会各民主阶级地位和有相当于各民族或种族地位的代表，又须注意到代表的地区性"[3]

这一原则的实质就是贯彻最民主的选举制度"总的精神"[4]，体现人大代表的广泛性和代表性，既包括了以社会地位

---

〔1〕 邓小平：《关于〈中华人民共和国全国人民代表大会及地方各级人民代表大会选举法（草案）的说明〉》，《邓小平文集（一九四九——一九七四）》中卷，人民出版社2014年版，第60页。

〔2〕 邓小平：《关于〈中华人民共和国全国人民代表大会及地方各级人民代表大会选举法（草案）的说明〉》，《邓小平文集（一九四九——一九七四）》中卷，人民出版社2014年版，第61页。

〔3〕 邓小平：《关于〈中华人民共和国全国人民代表大会及地方各级人民代表大会选举法（草案）的说明〉》，《邓小平文集（一九四九——一九七四）》中卷，人民出版社2014年版，第60页。

〔4〕 邓小平：《关于〈中华人民共和国全国人民代表大会及地方各级人民代表大会选举法（草案）的说明〉》，《邓小平文集（一九四九——一九七四）》中卷，人民出版社2014年版，第55页。

为主的代表性，又包括了区域、民族因素的代表性。这样规定的目的是便于随时反映各民族各阶级各地区的情况，并能随时将代表大会的决议迅速传达到各民族各阶级各地区的人民中去，把每个决议都变成全体人民的实际行动。也就是随时"下情上传""上情下达"，当好党和国家联系人民群众的桥梁纽带。

（三）"伸缩性"[1] 原则

这是邓小平同志在选举法草案说明中的话。这一原则也可以概括成：灵活性原则或者从实际出发。他指出，省、县两级人大代表名额，规定得比较机动，因为各个省、县有"四个不同"的情况，即人口多少不同，管辖单位多少不同，民族分布情况不同，城乡比重不同。适应这些"不同"，就需要在选举法律上作出相应规定，体现灵活性，增强适应性、可行性。

根据上述原则，选举法分别确定各级人大代表名额。

三、全国人大代表名额及其发展

（一）1953 年选举法关于全国人大代表名额的规定

1953 年选举法没有对全国人大代表名额作出明确规定，但是，第三章中对此有一个相对具体的规定。一是，各省应选全国人大代表名额，按人口每 80 万人选代表 1 人；人口特少的省，代表名额不得少于 3 人；中央直辖市和人口在 50 万以上的省辖工业市应选全国人大代表名额，按人口每 10 万人选代表 1 人。这就是后来常说的"农村每 1 代表所代表的人口数 8 倍于城市每

---

〔1〕 邓小平：《关于〈中华人民共和国全国人民代表大会及地方各级人民代表大会选举法（草案）的说明〉》，《邓小平文集（一九四九——一九七四）》中卷，人民出版社 2014 年版，第 61 页。

1 代表所代表的人口数（即 8 比 1）"。二是，全国少数民族应选全国人大代表 150 人。三是，人民武装部队应选全国人大代表 60 人。四是，国外华侨应选全国人大代表 30 人。简单地说，根据选举法的规定，可以计算出它的名额，即"全国人民代表大会名额，约为一千二百人"[1]。明确这一点很重要。

第一届全国人大代表为 1226 名。第二届全国人大代表为 1222 名，人数最少。这个规模既跟当时的人口数量有关，也跟当时的会场有关。众所周知，一届全国人大一次会议和"新政治协商会议"都是在中南海怀仁堂举行的。据 1949 年担任新政协筹委会庶务处招待科科长的郭英回忆，"参加筹备会第一件事情是修整会议召开地点中南海怀仁堂。怀仁堂是个大四合院，南面是大门，东、西、北三面各有 5 间房，没有会议厅怎么办？当时想了一个办法，在院子中间搭起了一个棚子，作为临时会议厅"[2]。从 1954 年一届全国人大一次会议到 1959 年二届全国人大一次会议，都在中南海怀仁堂举行。1960 年 3 月 30 日下午，二届全国人大二次会议在人民大会堂隆重召开。

人民大会堂中有"万人大礼堂"。具体来说，大礼堂第一层设有座位 3501 个，第二层 3454 个，第三层 2517 个，主席台可设座位 300—500 个，总计可容纳 1 万多人，为全国人大代表名额的扩容提供了物质条件。

（二）关于第三届全国人民代表大会代表名额的规定

1963 年 12 月 3 日，二届全国人大四次会议通过《关于第三

---

〔1〕 邓小平：《关于〈中华人民共和国全国人民代表大会及地方各级人民代表大会选举法（草案）的说明〉》，《邓小平文集（一九四九——一九七四）》中卷，人民出版社 2014 年版，第 61 页。

〔2〕《中南海怀仁堂：见证首届两会的红色殿堂》，国际在线，https：//baijiahao. baidu. com/s？ id ＝1628041924780386962&wfr ＝spider&for ＝pc。

届全国人民代表大会代表名额和选举时间的决议》。该决议提出，1958 年以来，我国各族人民在中国共产党、人民政府和毛泽东主席的领导下，"在人民公社、工矿企业、科学文教卫生事业、人民武装部队以及社会主义事业的其他各个战线上，都涌现出大批积极分子和模范人物"。因此，需要对三届全国人大代表名额和选举时间作出决议。一是，各省、自治区应选全国人大代表的名额，按人口每 40 万人选代表 1 人；人口特少的省、自治区，代表名额总额不得少于 10 人；直辖市、人口在 30 万以上的工业城市和人口不足 30 万但产业工人及其家属人口在 20 万以上的工业城市、工矿区和林业区，应选全国人大代表的名额，按人口每 5 万人选代表 1 人。二是，全国各少数民族应选全国人大代表 300 人。三是，人民武装部队应选全国人大代表 120 人。四是，华侨应选全国人大代表 30 人，由归国华侨中选举。[1] 这就是对各方面代表名额的增加作了具体规定。全国人大法案委员会在审查报告中认为，"适当地扩大第三届全国人民代表大会的代表名额，是完全必要的"[2]。该决议的规定是为了更好地反映我国各族人民在社会主义革命和社会主义建设中的新面貌，在国家政治生活中充分地发扬民主、加强民主集中制、巩固人民民主专政，进一步团结各族人民，调动一切积极因素，实现全面"大跃进"和争取社会主义事业的新胜利。同时，该决议还明确，三届全国人大代表的选举在 1964 年 9 月底以前完成。

总之，这与 1953 年选举法规定的全国人大代表名额相比，

---

〔1〕《关于第三届全国人大代表名额和选举问题的决议》，《人民日报》1963 年 12 月 4 日，第 2 版。

〔2〕《第二届全国人民代表大会法案委员会关于第三届全国人民代表大会代表名额和选举问题的决议（草案）的审查报告》，《全国人民代表大会常务委员会公报（1959—1966 年卷）》，中国法制出版社 2004 年版，第 372 页。

规模急剧扩大。结果是三届全国人大代表名额比二届全国人大的代表名额扩大了一倍多，增至 3037 名。

四届全国人大代表为 2885 名；五届全国人大代表为 3497 名，人数最多，规模最大，比一届全国人大代表增加了 2271 名，增加近 2 倍。

从以上可以看出，新中国成立以后，我国关于人大代表名额及其确定的原则，是适应新中国成立初期的一些实际情况的。

四、全国人大常委会组成人员名额和常委会委员长

（一）全国人大常委会组成人员名额

从一届全国人大开始就设立常委会，作为人大的常设机关。按照 1954 年宪法第三十条的规定，全国人大常委会由全国人大选出下列人员组成：委员长、副委员长若干人、秘书长、委员若干人。1954 年全国人大组织法第十七条规定，全国人大常委会委员长、副委员长、秘书长和委员，由每届全国人大在第一次会议中选出。但是都没有明确规定具体名额。

一届至五届全国人大常委会组成人员名额变化较大，分别为79 名、79 名、115 名、167 名、197 名（其中姬鹏飞副委员长兼任秘书长）。

（二）全国人大常委会委员长

第一，关于"委员长"称谓的来历

在新中国历史上，1954 年宪法首次使用"委员长"这一称谓。在起草宪法草案时，曾经使用过"议长""副议长"的称谓。1954 年 3 月 23 日，毛泽东同志主持召开中华人民共和国宪法起草委员会第一次会议。在讲到我国的人民代表大会制度时，他说："苏联

叫最高苏维埃，我们叫全国人民代表大会；苏联叫最高苏维埃主席团，我们叫全国人民代表大会常务委员会；苏联叫部长会议，我们叫国务院。我们就是多一个主席，有个议长，还有个国家主席，叠床架屋，这个办法可以不可以，大家是不是赞成？可以讨论。"在讲到国家主席时，他又说："我们中国是一个大国，叠床架屋地设个主席，目的是为着使国家更加安全。有议长，有总理，又有个主席，就更安全些，不至于三个地方同时都出毛病。"[1] 在讨论时，大家觉得"议长"的称谓与资本主义国家一样，不好听。又不能使用"主席"的称谓，因为，当时中国国家机构体系设有国家主席，最后决定用"委员长"这一称谓。

第二，委员长的职责

根据 1954 年宪法的规定，全国人大常委会委员长有两项主要职责：一是负责召开全国人民代表大会，并领导全国人大常委会的日常工作。二是参加最高国务会议。最高国务会议主席由国家主席担任，国家副主席、全国人大常委会委员长、国务院总理和其他有关人员参加。最高国务会议对于国家重大事务的意见，由国家主席提交全国人大、全国人大常委会、国务院或者其他有关部门讨论并作出决定。

第三，代行国家元首的部分职权

1959 年 4 月，在二届全国人大一次会议上，朱德当选为全国人大常委会委员长。1966 年"文化大革命"开始后，整个国家陷入动乱状态。作为全国人大常委会委员长的朱德，基本上"靠边站"，发挥不了应有的作用。

到"文化大革命"后期，中共中央和毛泽东提出召开四届全

---

〔1〕 中共中央文献研究室编：《毛泽东年谱（一九四九——一九七六）》第二卷，中央文献出版社 2013 年版，第 228—229 页。

国人大和修改宪法。1975 年 1 月，四届全国人大一次会议召开，通过了修改后的新宪法（1975 年宪法）。这部宪法虽然保留了设立全国人大常委会委员长等内容的条款，但关于全国人大的规定只有三条。这样简略的规定，加上特殊的历史环境，全国人大常委会委员长更多的是一个形式上的职务。另外，宪法还取消了国家主席的建制，将国家主席的一些职权，如接受外国使节、公布法律和法令、派遣和召回驻外全权代表、批准同外国缔结条约等，明确授予全国人大常委会委员长行使。这期间，全国人大常委会委员长在名义上扮演了国家元首的角色。

1978 年 2 月，五届全国人大一次会议召开，通过了修改后的新宪法（1978 年宪法）。1978 年宪法没有恢复设置国家主席职务，全国人大常委会委员长仍然执行（代行）国家元首的部分职权。

第二节　改革开放后全国人大代表名额和常委会组成人员结构

改革开放以来，党中央高度重视全国人大代表和常委会组成人员的结构优化。在党的代表大会报告和党中央有关文件中都对此作出部署、提出明确要求。习近平总书记在庆祝全国人大成立 60 周年大会上的重要讲话中明确提出，"优化人大常委会、专门委员会组成人员结构"[1]。宪法和有关法律也作出明确规定。在党中央的坚强领导下，全国人大代表和常委会组成人员构成持续

---

〔1〕 习近平：《在庆祝全国人民代表大会成立六十周年大会上的讲话》，习近平：《论坚持人民当家作主》，中央文献出版社 2021 年版，第 80 页。

优化，全国人大及其常委会组织制度不断完善，工作机构和办事机构的设置日益健全，工作能力不断提升。

一、全国人大代表名额

如前所述，全国人大作为最高国家权力机关，它的组成人员——全国人大代表是由民主选举产生的，是受人民委托到最高国家权力机关来的。在我们这样一个大国，幅员辽阔，人口众多（逐渐增多），人民群众选派的代表数量不能太少，太少了不具有代表性；也不能太多，太多了不便于开会议事。正如彭真同志指出的：“我国国大人多，全国人大代表的人数不宜太少；但是人数多了，又不便于进行经常的工作。”[1]

1979 年 7 月 1 日，五届全国人大二次会议审议通过《中华人民共和国全国人民代表大会和地方各级人民代表大会选举法》，首次明确全国人大代表的名额不超过 3500 名。1986 年六届全国人大常委会第十八次会议对选举法进行修改，将全国人大代表的名额限定在 3000 名以内。这一规定沿用至今。

二、关于提高基层人大代表比例

为了增强代表的广泛性，解决人大代表中基层代表比例较低的问题，2010 年 3 月，十一届全国人大三次会议通过关于修改选举法的决定，增加规定全国人大和地方各级人大代表应当具有广

---

〔1〕 彭真：《关于中华人民共和国宪法修改草案的报告》，全国人大常委会办公厅、中共中央文献研究室编：《人民代表大会制度重要文献选编》（二），中国民主法制出版社、中央文献出版社 2015 年版，第 568—569 页。

泛的代表性，应当有适当数量的基层代表，特别是工人、农民和知识分子代表。

十二届、十三届全国人大代表选举过程中，依照选举法有关规定，稳步增加基层代表人数。其中，十二届全国人大代表中来自基层工人、农民代表 401 名，占代表总数的 13.42%，比十一届提高 5.18 个百分点。十三届全国人大代表中来自基层工人、农民代表 468 名，占代表总数的 15.70%，比十二届提高 2.28 个百分点。

三、全国人大常委会组成人员名额

1982 年宪法第六十五条规定，全国人大常委会由下列人员组成：委员长、副委员长若干人、秘书长、委员若干人。六届全国人大常委会组成人员的名额为 155 名。从此之后，七届、八届、九届全国人大常委会组成人员均为 155 名。

十届全国人大常委会进一步贯彻党中央要求，充实工作力量，组成人员增加到 175 名。此后，十一届、十二届、十三届全国人大常委会组成人员名额延续下来，保持了这个规模。

四、确立常委会组成人员"不兼职"原则

1954 年宪法没有明确人大常委会组成人员任职的"兼职"问题。1979 年地方组织法确定了"不兼职"的原则，第二十六条第二款规定："常务委员会的组成人员不得兼任本级人民政府、人民法院、人民检察院的组成人员。"这是一个看上去很"微小"的改革。

"不兼职原则"在 1982 年宪法中得到确认和重申，不过，具体用语有些微变化，所规范的范围扩大了。其中，第六十五条规定，全国人大常委会的组成人员不得担任国家行政机关、审判机关和检察机关的职务；第一百零三条规定，县级以上的地方各级人大常委会的组成人员不得担任国家行政机关、审判机关和检察机关的职务。2018 年宪法修正案增加规定，全国人大常委会的组成人员不得担任监察机关的职务。

1982 年 12 月，彭真同志在《关于中华人民共和国宪法修改草案的报告》中说："人大常委会委员不得担任国家行政机关、审判机关和检察机关的职务，实际上将有相当数量的委员是专职的。"[1] 对全国人大常委会组成人员实行"不兼职原则"，避免既当"裁判员"又当"运动员"的现象，这有利于他们集中精力在人大执行职务、开展工作，进而有利于人大常委会有效开展对其他国家机关的监督工作。

五、全国人大常委会委员长和委员长会议

（一）首次从宪法法律上规定委员长的职责

1982 年 12 月 4 日，五届全国人大五次会议通过新的宪法（现行宪法）。1982 年宪法第六十八条规定全国人大常委会委员长的职责是：（1）主持全国人大常委会的工作；（2）召集全国人大常委会会议。1982 年全国人大组织法第二十四条作了类似规定；同时，第二十七条规定，常委会设副秘书长若干人，由委员

---

〔1〕 彭真：《关于中华人民共和国宪法修改草案的报告》，全国人大常委会办公厅、中共中央文献研究室编：《人民代表大会制度重要文献选编》（二），中国民主法制出版社、中央文献出版社 2015 年版，第 567 页。

长提请常委会任免；第二十八条规定，工作委员会的主任、副主任和委员由委员长提请常委会任免。这是首次从宪法法律上确定了全国人大常委会委员长的职责。

1982 年宪法与 1978 年宪法相比，全国人大常委会委员长及其职责有三个显著变化：一是，突出集体领导职务的性质。规定由委员长、副委员长、秘书长组成委员长会议，处理常委会的重要日常工作。二是，首次规定委员长、副委员长连续任职不得超过两届。三是，1982 年宪法恢复设立国家主席，只有在国家主席、副主席都缺位时，由全国人民代表大会补选；在补选以前，由全国人大常委会委员长暂时代理国家主席职位。

（二）全国人大常委会委员长会议

这是 1982 年宪法和全国人大组织法新规定的内容。

1982 年宪法第六十八条规定，全国人大常委会委员长主持全国人大常委会的工作，召集全国人大常委会委员长会议。副委员长、秘书长协助委员长工作。全国人大常委会委员长、副委员长、秘书长组成委员长会议，处理全国人大常委会的重要日常工作。

在此基础上，1982 年 12 月 10 日通过的全国人大组织法作了进一步明确规定。

一是，第二十五条规定，常委会的委员长、副委员长、秘书长组成委员长会议，处理常委会的重要日常工作。具体包括：（1）决定常委会每次会议的会期，拟订会议议程草案；（2）对向常委会提出的议案和质询案，决定交由有关的专门委员会审议或者提请常委会全体会议审议；（3）指导和协调各专门委员会的日常工作；（4）处理常委会其他重要日常工作。

二是，对全国人大常委会代表资格审查委员会人选的提名权。第二十六条规定，常委会设立代表资格审查委员会。代表资格审查委员会的主任委员、副主任委员和委员的人选，由委员长会议在常委会组成人员中提名，常委会会议通过。

三是，对有关方面提出的议案提请常委会会议审议的决定权。第三十二条规定，全国人大各专门委员会，国务院，中央军事委员会，最高人民法院，最高人民检察院，可以向常委会提出属于常委会职权范围内的议案，由委员长会议决定提请常委会会议审议，或者先交有关的专门委员会审议、提出报告，再提请常委会会议审议。常委会组成人员十人以上可以向常委会提出属于常委会职权范围内的议案，由委员长会议决定是否提请常委会会议审议，或者先交有关的专门委员会审议、提出报告，再决定是否提请常委会会议审议。

四是，对质询案的处理。第三十三条规定，在常委会会议期间，常委会组成人员十人以上，可以向常委会书面提出对国务院和国务院各部、各委员会的质询案，由委员长会议决定交受质询机关书面答复，或者由受质询机关的领导人在常委会会议上或者有关的专门委员会会议上口头答复。在专门委员会会议上答复的，提质询案的常委会组成人员可以出席会议，发表意见。

五是，在大会闭会期间对全国人大各专门委员会部分人选补充任命时的提名权。第三十五条规定，在大会闭会期间，全国人大常委会可以补充任命专门委员会的个别副主任委员和部分委员，由委员长会议提名，常委会会议通过。

需要说明的是，2021年3月，十三届全国人大四次会议对全国人大组织法作了修改，进一步完善了委员长会议职责的规定，增加规定：（1）委员长会议决定是否将议案和决定草案、决议草案交付常委会全体会议表决。（2）制定常委会年度工作要点、立法工作计划、监督工作计划、代表工作计划、专项工作规划和工作规范性文件等。

六、配备全国人大常委会专职常委

2003 年，按照党中央要求，为进一步改善全国人大常委会组成人员的年龄结构和知识结构，推动组成人员年轻化、专业化、专职化，十届全国人大常委会配备 10 名专职常委。

2018 年，根据党中央部署，适应新时代人大工作需要，参照十届全国人大的做法，在十三届全国人大常委会中配备 9 位比较年轻、具有法治等领域实践经验的专职常委会委员。同时，根据本人情况和工作需要，将这些专职常委会委员安排到相应的专门委员会成为专门委员会组成人员，并参加各自专门委员会工作，为全国人大及其常委会工作注入新鲜血液，增添有生力量。

第三节　全国人大专门委员会设置

一、改革开放前全国人大专门委员会的设置

1954 年宪法第三十四条规定，全国人大设立民族委员会、法案委员会、预算委员会、代表资格审查委员会和其他需要设立的委员会。民族委员会、法案委员会在全国人大闭会期间，受全国人大常委会的领导。这是关于常设委员会的规定。第三十五条规定了非常设委员会（特定问题的调查委员会），即全国人大认为

必要的时候，在全国人大闭会期间全国人大常委会认为必要的时候，可以组织对于特定问题的调查委员会。调查委员会是一个非常设的委员会。

在此基础上，1954年全国人大组织法第三章进一步对全国人大各委员会的组成、议事以及各自的工作作了规定。

一是，第二十五条规定，各委员会协助全国人大工作；在全国人大闭会期间，民族委员会和法案委员会协助全国人大常委会工作。各委员会都由主任委员1人、副主任委员若干人和委员若干人组成。主任委员和副主任委员的人选，由全国人大会议主席团在代表中提名，由全国人大会议通过；副主任委员由委员互推。主任委员主持委员会会议和委员会的工作。

二是，第二十六条规定，民族委员会的工作如下：（1）审查全国人大或者全国人大常委会交付的关于民族事务的议案和其他议案有关民族事务的部分；（2）审查自治区、自治州、自治县报请全国人大常委会批准的自治条例和单行条例；（3）向全国人大或者全国人大常委会提出关于民族事务的议案和意见；（4）研究关于民族事务的问题。

三是，第二十七条规定，法案委员会的工作如下：（1）审查全国人大交付的法律案和其他关于法律问题的议案，审查全国人大常委会交付的法令案和其他关于法律、法令问题的议案；（2）根据全国人大或者全国人大常委会的决定，拟定法律和法令的草案；（3）向全国人大或者全国人大常委会提出关于法律、法令问题的议案和意见。

四是，第二十八条规定，预算委员会审查全国人大交付的预算、决算案和其他同预算有关的议案。

五是，第二十九条规定，代表资格审查委员会在每届全国人大第一次会议举行的时候，根据代表当选证书和其他有关材料，审查全国人大代表的资格；对于补选代表的资格进行同样的审查。一届、二届、三届、五届全国人大都设立了代表资格审查委员会，四届全国人大因"文化大革命"影响而没有设立。

六是，全国人大和全国人大常委会依照宪法规定，可以组织对于特定问题的调查委员会。调查委员会的组织和工作，由全国人大或者全国人大常委会临时决定。

此外，一届、二届全国人大每次代表大会会议期间还设立提案审查委员会；三届全国人大一次会议期间设立了该委员会，其他几次会议则未设立。1975 年宪法没有规定全国人大设立专门委员会，四届全国人大未设立专门委员会。

二、改革开放后全国人大专门委员会的设置

1982 年宪法为加强全国人大组织建设，明确规定全国人大设立民族委员会、法律委员会、财政经济委员会、教育科学文化卫生委员会、外事委员会、华侨委员会和其他需要设立的专门委员会；在全国人大闭会期间，各专门委员会受全国人大常委会领导。

1982 年全国人大组织法对专门委员会的组织构成、工作职权等作了更为明确具体的规定。

1983 年六届全国人大一次会议按照宪法规定，设立 6 个专门委员会。1988 年七届全国人大一次会议增设内务司法委员会。1993 年八届全国人大一次会议增设环境委员会，1994 年八届全国人大二次会议决定将环境委员会改名为环境与资源保护委员会。1998 年九届全国人大一次会议增设农业与农村委员会。

2018 年 2 月，党的十九届三中全会通过关于深化党和国家机构改革的决定及深化党和国家机构改革方案。方案明确提出，组建全国人大社会建设委员会，将全国人大内务司法委员会更名为全国人大监察和司法委员会，将全国人大法律委员会更名为全国人大宪法和法律委员会。2018 年 3 月 11 日，十三届全国人大一次会议通过宪法修正案，将法律委员会更名为宪法和法律委员会。3 月 13 日，根据宪法和有关法律规定，十三届全国人大一次会议决定设立民族委员会、宪法和法律委员会、监察和司法委员会、财政经济委员会、教育科学文化卫生委员会、外事委员会、华侨委员会、环境与资源保护委员会、农业与农村委员会、社会建设委员会。

三、代表资格审查委员会

这有一个从全国人大专门委员会演变成全国人大常委会代表资格审查委员会的过程。

在改革开放之前，代表资格审查委员会属于全国人大的一个专门委员会，它的职责就是在全国人大开会以后，对代表资格进行审查。但是，它只在代表大会会议期间活动，不能及时对本届人大补选代表的代表资格和新选出的下一届代表的代表资格进行审查。

为此，1982 年全国人大组织法根据新宪法的规定，重新规定了代表资格审查委员会。第三条规定，全国人大代表选出后，由全国人大常委会代表资格审查委员会进行审查；全国人大常委会根据代表资格审查委员会提出的报告，确认代表的资格或者确定个别代表的当选无效，在每届全国人大第一次会议前公布代表名单；对补选的全国人大代表，依照前款规定进行审查。习仲勋同志在关于全国人民代表大会组织法（草案）的说明中指出："这样，在全国人民代表大会开会以前，就完成了代表资格审查工作，工作上比较便利。"[1] 第二十六条进一步规定，常委会设立代表资格审查委员会，代表资格审查委员会的主任委员、副主任委员和委员的人选，由委员长会议在常委会组成人员中提名，常委会会议通过。

从 1983 年 3 月开始，每届全国人大常委会都设立代表资格审查委员会，组成人员包括主任委员 1 名、副主任委员和委员若干名。

全国人大常委会代表资格审查委员会的职责，就是审查新选出的下一届人大代表和补选的本届人大代表的资格是否有效。近些年来，又有新的发展。

一是，2010 年十一届全国人大常委会第十七次会议修改代表法，赋予代表资格审查委员会一项新职责：暂时停止执行代表职务，由代表资格审查委员会向本级人民代表大会常务委员会或者乡、民族乡、镇的人民代表大会报告。

二是，2015 年中共中央转发的《中共全国人大常委会党组关于加强县乡人大工作和建设的若干意见》，从加强县乡人大代表资格审查工作出发，进一步完善审查工作机制，明确审查内容和程序。为落实中央文件精神，全国人大常委会及时修改选举法，增加规定："代表资格审查委员会依法对当选代表是否符合宪法、法律规定的代表的基本条件，选举是否符合法律规定的程

---

〔1〕 习仲勋：《关于四个法律案的说明》，全国人大常委会办公厅、中共中央文献研究室编：《人民代表大会制度重要文献选编》（二），中国民主法制出版社、中央文献出版社 2015 年版，第 596 页。

序，以及是否存在破坏选举和其他当选无效的违法行为进行审查，提出代表当选是否有效的意见，向本级人民代表大会常务委员会或者乡、民族乡、镇的人民代表大会主席团报告。"同时还规定，县级以上的各级人大常委会或者乡、民族乡、镇的人大根据代表资格审查委员会的报告，确认代表的资格或者代表的当选无效，在每届人大第一次会议前公布代表名单。

四、全国人大常委会法制委员会

这是一个非常特殊的机构，既不是全国人大的专门委员会，又不同于后来常委会的工作机构（包括常委会法制工作委员会）。

进入历史新时期，党和国家把法制建设摆上了重要议事日程。1978 年 12 月 13 日，叶剑英同志在中央工作会议闭幕会上的讲话中强调，全国人大常委会要抓紧立法，尽快完善我国的法制，"人大常委会如果不能尽快担负起制定法律、完善社会主义法制的责任，那人大常委会就是有名无实，有职无权，尸位素餐，那我这个人大常委会委员长就没有当好，我就愧对全党和全国人民"[1]。党的十一届三中全会明确提出："从现在起，应当把立法工作摆到全国人民代表大会及其常务委员会的重要议程上来。"[2]

正是在这样的大背景下，1979 年 1 月，中共中央决定：建议在全国人大常委会设立法制委员会，彭真为主任。1979 年 2 月 1

---

〔1〕 叶剑英：《在中央工作会议闭幕会上的讲话》，《叶剑英选集》，人民出版社 1996 年版，第 500 页。

〔2〕 《中国共产党第十一届中央委员会第三次全体会议公报》，《三中全会以来重要文献选编》（上），中央文献出版社 2011 年版，第 9 页。

日，中共中央组织部将全国人大常委会法制委员会组成人员建议名单草案报中共中央。[1]

1979年2月23日，五届全国人大常委会第六次会议听取全国人大常委会副委员长乌兰夫作的《关于设立全国人民代表大会常务委员会法制委员会的说明》。他说："为了保障人民民主和社会主义现代化建设事业的顺利进行，必须加强社会主义法制。因此，从现在起，应当把立法工作摆到全国人民代表大会和它的常务委员会的重要议程上来。为此，需要采取相应的组织措施，拟在全国人民代表大会常务委员会设立法制委员会，协助常务委员会加强法制工作。"[2] 会议通过第五届全国人民代表大会常务委员会法制委员会名单，共80人，彭真为主任，胡乔木、谭政、王首道、史良（女）、安子文、杨秀峰、高克林、武新宇、陶希晋、沙千里等10人为副主任。

1979年3月13日，彭真同志主持召开全国人大常委会法制委员会第一次全体会议并发表讲话，指出："法制委员会协助全国人大常委会全面管立法工作。它的任务、职责是实的，不是虚的，不搞一般的务虚会。主要是从政治上、原则上审查法律案。"[3]

总之，法制委员会的设立，是全国人大常委会组织建设中的一个大事件。首先是党中央重视，决定设立这个机构并批准其组成人

---

〔1〕《彭真传》编写组编：《彭真年谱》第五卷，中央文献出版社2012年版，第2页。

〔2〕乌兰夫：《关于设立全国人民代表大会常务委员会法制委员会的说明》，《〈全国人大常委会公报〉停刊期间全国人民代表大会及其常务委员会制定或者批准的法律及部分文件（1966—1979年卷）》，第307页。

〔3〕《彭真传》编写组编：《彭真年谱》第五卷，中央文献出版社2012年版，第6页。

员；其次是常委会审议通过这个名单，等于它的组成人员都是由常委会任命的；再次是它的"规模大、规格高"，包括了各方面的知名人士，因而具有"代表性和权威性"[1]。在一定意义上说，这是绝无仅有的，它的设置、职责以及存在本身都是不可复制的。

需要说明的是，法制委员会内设办公室、资料室和法律室。这些内设机构成为后来常委会法制工作委员会的前身。

第四节　健全全国人大常委会和专门委员会办事机构、工作机构

为保证全国人大及其常委会依法履行职权，根据全国人大组织法和有关法律规定，常委会设立办事机构和工作机构，为全国人大会议、全国人大常委会会议、委员长会议服务，为全国人大代表和常委会组成人员服务。专门委员会设立办事机构为本委员会服务。作为全国人大及其常委会的集体参谋助手和服务保障班子，全国人大常委会办事机构和工作机构、专门委员会办事机构不断适应工作需要，机构设置不断健全，服务保障工作水平不断提高。

一、全国人大常委会办公厅机构设置

在全国人大建立之初，全国人大常委会就设立了办公厅，内

---

〔1〕　王汉斌：《王汉斌访谈录——亲历新时期社会主义民主法制建设》，中国民主法制出版社 2012 年版，第 9 页。

设法律室、研究室、编译室、人民接待室等部门。到 1956 年，机关工作人员已经发展到 360 人左右。1958 年后，办公厅建设受到破坏，到 1975 年共计有 30 名工作人员。

党的十一届三中全会后，为了适应新时期人大工作的需要，加强全国人大常委会办事机构建设被提上了重要议事日程。1986 年，由彭冲同志牵头，组织班子对全国人大机关工作机构问题进行专门研究，并于 1987 年 7 月提出了关于健全人大机关工作和机构的报告。该报告经委员长会议原则批准后，提请六届全国人大常委会第二十一次会议审议。根据这个报告，1987 年 7 月办公厅增设新闻局、人事局等。

1995 年，按照党中央有关党政机构改革的精神，全国人大机关实施机构改革。此后，在适应时代新要求的过程中，全国人大常委会办公厅不断优化组织结构设置。目前，办公厅内设秘书局、研究室、联络局、外事局、新闻局、信访局、人事局、离退休干部局、机关事务管理局等 9 个局室和人民大会堂管理局、机关服务中心、全国人大培训中心、全国人大信息中心、全国人大图书馆、全国人大会议中心、《中国人大》杂志社、机关采购中心等 8 个直属事业单位。

办公厅是全国人大常委会的办事机构，主要工作职责包括：（1）承担全国人大会议、全国人大常委会会议、委员长会议的各项筹备和会务工作；（2）围绕全国人大及其常委会审议的议题开展调查研究，提供研究咨询意见；（3）受委员长会议的委托，拟订有关议案草案；（4）组织办理代表提出的建议、批评和意见；（5）承担全国人大常委会同地方人大常委会联系的工作，承办全国人大及其常委会同外国议会、议会国际组织的交往联系工作；（6）负责全国人大及其常委会的新闻发布和宣传工作；（7）办理和接待全国人大代表和人民群众的来信来访等工作；（8）办理全国人大常委会和委员长会议交办的其他工作。办公厅内设各单位形成工作合力，在保证全国人大及其常委会依法行使职权和代表履职尽责等方面，发挥了重要作用。

二、全国人大常委会法制工作委员会

1983 年，六届全国人大决定将法制委员会更名为全国人大常委会法制工作委员会，下设刑法室、民法室、国家法和行政法室、立法规划室等部门，人员也相应地增加到了 170 多人。

目前，法制工作委员会下设办公室、宪法室、立法规划室、刑法室、民法室、经济法室、国家法室、行政法室、社会法室、法规备案审查室、研究室，并设机关党委、机关纪委。

法制工作委员会是为全国人大及其常委会行使立法权提供服务的专门工作机构，主要工作职责包括：（1）受委员长会议委托，拟订有关法律方面的议案草案；（2）负责制定全国人大常委会五年立法规划和年度立法计划工作；（3）为全国人大和全国人大常委会审议法律草案服务，对提请全国人大和全国人大常委会审议的有关法律草案进行调查研究，征求意见，提供相关资料，提出修改建议；（4）对各省、自治区、直辖市人大常委会及中央和国家机关有关部门提出的有关法律方面问题的询问进行研究，予以答复，同时报全国人大常委会备案；（5）研究、处理并答复全国人大代表提出的有关立法工作的建议、批评和意见；（6）开展对行政法规、监察法规、地方性法规、自治条例和单行条例、经济特区法规及司法解释的备案审查工作；（7）进行与人大工作有关的法律理论的研究，并开展法治宣传工作；（8）负责汇编、译审法律文献的有关工作；（9）办理全国人大常委会和委员长会议交办的其他事项。

三、全国人大常委会预算工作委员会

为加强全国人大及其常委会对中央预算的审查监督，促进依法理财，保障国民经济和社会事业健康发展，经党中央同意，1998 年 12 月 29 日，九届全国人大常委会第六次会议决定，设立全国人大常委会预算工作委员会。目前，预算工作委员会内设办公室、预决算审查室、法案室、调研室等 4 个局级机构。

预算工作委员会是全国人大常委会的工作机构，其主要职责是：（1）协助全国人大财政经济委员会承担全国人大及其常委会审查预算决算、审查预算调整方案和监督预算执行方面的具体工作；（2）承担国有资产管理情况监督、审计查出突出问题整改情况跟踪监督方面的具体工作；（3）承担预算、国有资产联网监督方面的具体工作；（4）受委员长会议委托，承担有关法律草案的起草工作，协助财政经济委员会承担有关法律草案审议方面的具体工作；（5）承办本决定规定的和常委会、委员长会议交办以及财政经济委员会需要协助办理的其他有关财政预算的具体事项；（6）经委员长会议同意，可以要求政府有关部门和单位提供预算情况，并获取相关信息资料及说明；（7）经委员长会议批准，可以对各部门、各预算单位、重大建设项目的预算资金使用和专项资金的使用进行调查，政府有关部门和单位应积极协助、配合。

四、全国人大常委会香港和澳门特别行政区基本法委员会

1997年和1999年，为加强对香港特别行政区基本法、澳门特别行政区基本法实施中的有关问题进行研究，全国人大常委会分别设立香港特别行政区基本法委员会和澳门特别行政区基本法委员会。目前，两个委员会共用一套工作机构，设有办公室、研究室2个局级机构。

香港基本法委员会和澳门基本法委员会是全国人大常委会根据香港、澳门特别行政区基本法设立的工作机构。其主要任务包括：（1）分别就有关香港特别行政区基本法和澳门特别行政区基本法有关条文实施中的问题进行研究，向全国人大常委会提供咨询意见；（2）组织开展对基本法的理论研究和宣传普及工作；（3）对有关部门工作中涉及基本法的问题提供咨询意见等。

五、全国人大专门委员会的办事机构

一届至四届全国人大各专门委员会没有专门的工作机构，委员会的日常工作由常委会办公厅承担。1979年6月，全国人大民族委员会设办公室为其工作机构，下设秘书组、法案组和调查研究组，此后专门委员会陆续有了自己的工作机构。

1983年6月，根据宪法规定，六届全国人大设民族委员会等6个专门委员会。除法律委员会外，其他5个专门委员会均下设办公室。全国人大常委会法制工作委员会办公室同时为法律委员会的办事机构。之后，随着专门委员会设置的变化，其办事机构也有相应调整。

目前，10 个专门委员会共设有 31 个局级办事机构，最少的设有 1 个，如宪法和法律委员会只设办公室（该办公室与法工委办公室是两块牌子一套人马），最多的设有 5 个，如教科文卫委员会设有办公室、教育室、科技室、文化室、人口卫生室等。

第五节　加强全国人大常委会党的组织建设

党实现对国家和社会的领导，很重要的一项制度是在各国家机关设立党的组织，确保党的路线方针政策和党中央决策部署贯彻落实。全国人大常委会党组是党中央在全国人大常委会中设立的领导机构，是实现党对全国人大及其常委会领导的重要组织形式和制度保证。

一、中共全国人大常委会党组

1988 年，设立中共全国人大常委会党组，在全国人大常委会发挥领导作用。为了健全党组工作制度，进一步规范党组工作，1993 年中共八届全国人大常委会党组第一次会议通过了中共全国人大常委会党组工作规则，并分别于 2008 年、2013 年作了修改。2015 年，常委会党组根据《中国共产党党组工作条例（试行）》，在总结近年来党组工作实践经验，紧密结合全国人大实际的基础上，及时对中共全国人大常委会党组工作规则进行第三次修订，重点明确了常委会党组工作职责，健全了请示和报告制度，完善了党组的组织原则和议事决策程序。

全国人大常委会党组在党中央领导下进行工作，坚持党中央的集中统一领导，在全国人大及其常委会发挥领导核心作用。它的工作职责主要有5个方面：（1）认真履行政治领导责任，发挥好把方向、管大局、保落实的重要作用；（2）讨论和决定全国人大常委会工作中的重大问题和重要事项；（3）加强对全国人大常委会中临时党组织的领导；（4）提出全国人民代表大会会议议程和工作方案，报请党中央决定或者批准，依法做好会议各项工作；（5）领导常委会机关党组工作，听取常委会机关党组工作汇报，讨论和决定全国人大机关工作和建设中的重大问题和重要事项。同时，进一步健全请示和报告制度，明确常委会党组向党中央请示报告重要事项、重要情况。

二、中共全国人大常委会机关党组

1993年，设立中共全国人大常委会机关党组，在党中央和常委会党组领导下工作，在全国人大机关发挥领导作用。2016年，全国人大常委会机关党组讨论通过中共全国人大常委会机关党组工作规则，明确了机关党组工作职责，健全了机关党组工作制度，明确了组织原则和议事决策，进一步规范了机关党组工作。

机关党组是中共中央在全国人大常委会机关中设立的领导机构，在党中央和全国人大常委会党组领导下开展工作，坚持党中央的集中统一领导，在全国人大常委会机关发挥领导核心作用。它的工作职责主要有4个方面：（1）认真履行政治领导责任，发挥好把方向、管大局、保落实的重要作用；（2）讨论和决定机关工作中的重大问题和重要事项；（3）贯彻党管干部原则，加强干部队伍建设。贯彻党管人才原则，加强人才队伍建设；（4）认真履行党要管党、从严治党责任，加强对机关党的建设的领导，落实党建工作责任制。

三、中共全国人大各专门委员会分党组

为进一步健全全国人大党的组织制度、完善党的工作机制，2016年全国人大常委会党组提出，经中共中央组织部批准设立专门委员会分党组。全国人大常委会党组通过中共全国人大各专门委员会分党组工作规则（试行）。专门委员会分党组在中共全国人大常委会党组领导下开展工作，在本委员会中发挥好把方向、管大局、保落实的重要作用。做好理论武装和思想政治工作，贯彻落实党中央、中共全国人大常委会党组的决策部署，履行政治保障职责。

专门委员会分党组应当始终把思想政治建设摆在首位，树牢"四个意识"，坚定"四个自信"，做到"两个维护"，严守政治纪律和政治规矩，自觉在思想上政治上行动上同以习近平同志为核心的党中央保持高度一致。

此外，2015年，中央纪委驻全国人大机关，纪检组正式进驻全国人大机关，开始履行监督职责。

/ 第二章 /

全国人大及其常委会议事制度和工作制度

人大及其常委会作为代议机关，行使职权的基本方式是召开会议，即常说的"开会议事"。人大及其常委会议事制度和工作制度，是人民代表大会制度的重要组成部分，是人大及其常委会召开会议、开展工作、行使国家权力的制度规范。习近平总书记在庆祝全国人大成立 60 周年大会上的重要讲话中就明确要求"完善人大组织制度、工作制度、议事程序"〔1〕。健全的人大议事制度和工作制度，对于各级人大及其常委会按照民主的、法定的程序行使职权和开展工作，更好发挥职能作用，具有重要意义。

第一节　人大及其常委会行权规则概说

人大作为国家权力机关，需要依照宪法法律规定，严格按法定程序行使职权，开展工作。可以说，合理、健全的法定程序是民主制度的运作形式，也是民主及其有效实现的制度（法治）保障。

如何评价一个国家政治制度是不是民主的、有效的？2014年 9 月 5 日，习近平总书记在庆祝全国人大成立 60 周年大会上

---

〔1〕 习近平：《在庆祝全国人民代表大会成立六十周年大会上的讲话》，习近平：《论坚持人民当家作主》，中央文献出版社 2021 年版，第 80 页。

的重要讲话中，深刻总结民主政治制度发展规律，首次明确提出一个国家政治制度是不是民主的、有效的"八个能否"的评价标准，即"主要看国家领导层能否依法有序更替，全体人民能否依法管理国家事务和社会事务、管理经济和文化事业，人民群众能否畅通表达利益要求，社会各方面能否有效参与国家政治生活，国家决策能否实现科学化、民主化，各方面人才能否通过公平竞争进入国家领导和管理体系，执政党能否依照宪法法律规定实现对国家事务的领导，权力运用能否得到有效制约和监督"[1]。

时隔 7 年，2021 年 10 月 13 日，习近平总书记在中央人大工作会议上的重要讲话中，在重申"八个能否"标准的同时，进一步创造性地提出一个国家民主不民主"四个要看、四个更要看"的标准，指出："一个国家民主不民主，关键在于是不是真正做到了人民当家作主，要看人民有没有投票权，更要看人民有没有广泛参与权；要看人民在选举过程中得到了什么口头许诺，更要看选举后这些承诺实现了多少；要看制度和法律规定了什么样的政治程序和政治规则，更要看这些制度和法律是不是真正得到了执行；要看权力运行规则和程序是否民主，更要看权力是否真正受到人民监督和制约。"[2] 总之，政治制度不能脱离特定社会政治条件和历史文化传统来抽象评判。"我国全过程人民民主不仅有完整的制度程序，而且有完整的参与实践。"[3] 这不仅阐明了

---

〔1〕 习近平：《在庆祝全国人民代表大会成立六十周年大会上的讲话》，习近平：《论坚持人民当家作主》，中央文献出版社 2021 年版，第 82 页。

〔2〕 习近平：《坚持和完善人民代表大会制度，不断发展全过程人民民主》，习近平：《论坚持人民当家作主》，中央文献出版社 2021 年版，第 335—336 页。

〔3〕 习近平：《坚持和完善人民代表大会制度，不断发展全过程人民民主》，习近平：《论坚持人民当家作主》，中央文献出版社 2021 年版，第 336 页。

我国全过程人民民主的显著优势，也说明了人大及其常委会运行的显著特征。

一、坚持党的全面领导是做好人大工作的最高政治原则

习近平总书记指出，"中国特色社会主义最本质的特征是中国共产党领导，中国特色社会主义制度的最大优势是中国共产党领导"[1]。推进人民代表大会制度理论、制度和实践创新，必须坚持中国共产党领导，坚持党总揽全局、协调各方的领导核心作用，坚决维护党中央权威和集中统一领导。

坚持党的全面领导，是新时代坚持和完善人民代表大会制度、做好人大工作的最高政治原则。那么，人民代表大会制度的运行，人大及其常委会职权的行使、工作的开展，如何贯彻落实党的全面领导？

（一）坚持党的全面领导，做好全国人大工作

全国人大坚定坚持党中央集中统一领导，以习近平新时代中国特色社会主义思想为指导，全面贯彻党的基本理论、基本路线、基本方略，牢牢把握人大工作正确政治方向。

一是，党的领导是人民当家作主和依法治国的根本保证。习近平总书记在党的十九大报告中指出：坚持党的领导、人民当家作主、依法治国有机统一是社会主义政治发展的必然要求。必须坚持中国特色社会主义政治发展道路，保证人民当家作主落实到国家政治生活和社会生活之中。"党的领导是人民当家作主和依

---

〔1〕 习近平：《决胜全面建成小康社会，夺取新时代中国特色社会主义伟大胜利》，《习近平谈治国理政》第三卷，外文出版社 2020 年版，第 16 页。

法治国的根本保证，人民当家作主是社会主义民主政治的本质特征，依法治国是党领导人民治理国家的基本方式，三者统一于我国社会主义民主政治伟大实践。""人民代表大会制度是坚持党的领导、人民当家作主、依法治国有机统一的根本政治制度安排，必须长期坚持、不断完善。"〔1〕 人民代表大会制度为实现党的领导和执政，为坚持和发展全过程人民民主，保障和发展人民当家作主，为坚持全面依法治国基本方略提供了有效可靠的制度载体、实施平台和运行轨道，为实现"三者有机统一"创造了根本制度环境和重要运行条件。

二是，健全坚持党的领导的制度机制。习近平总书记指出："人民代表大会制度是党领导国家政权机关的重要制度载体，也是党在国家政权中充分发扬民主、贯彻群众路线的重要实现形式。"〔2〕 自 2015 年初开始，习近平总书记连续 9 年主持召开中央政治局常委会会议，听取全国人大常委会党组工作汇报。这已经载入党的十八届六中全会通过的关于新形势下党内政治生活的若干准则，成为一项重要制度。党的十八大、十九大、二十大报告和中央全会文件等部署了加强人民代表大会制度建设和人大工作的任务举措，党中央多次研究人大工作重要事项，特别是首次召开中央人大工作会议，先后出台有关人大建设和工作的重要指导性文件 30 余件。

三是，用习近平新时代中国特色社会主义思想统揽和指导人大工作，并将坚持党的全面领导充分体现到"两个维护"上来。十三届全国人大常委会委员长栗战书说："人大的一切工作，各级

〔1〕 习近平：《决胜全面建成小康社会，夺取新时代中国特色社会主义伟大胜利》，《习近平谈治国理政》第三卷，外文出版社 2020 年版，第 28—29 页。

〔2〕 习近平：《在中央人大工作会议上的讲话》，《求是》2022 年第 5 期，第 11 页。

人大的工作，都要同党的基本理论、基本路线、基本方略和党中央决策部署、习近平总书记重要指示对标对表，自觉维护党总揽全局、协调各方的领导核心作用。"[1] 党的十八大以来，全国人大及其常委会坚持党中央集中统一领导，认真贯彻党中央重要决策部署，"形成了人大工作坚持党的领导的一整套制度体系"[2]。

四是，认真执行请示报告制度。全国人大常委会党组及时将人大工作中的重大问题、重要事项、重要情况向党中央请示报告。

五是，全国人大常委会党组和机关党组履行职责，发挥把方向、管大局、保落实的领导作用。这保证了全国人大及其常委会的工作始终在党中央领导下进行，圆满完成了党中央交给全国人大及其常委会的各项任务。

六是，新修改的全国人大组织法、选举法、地方组织法等法律都增加规定，坚持中国共产党的领导。这进一步为坚持党的全面领导提供了法律制度保障。

（二）坚持党的全面领导，做好地方人大工作

一是，地方党委普遍重视人大工作，全面加强党对人大工作的领导，定期听取人大工作情况汇报，讨论重要法规草案，研究人大工作中的重大问题。党委普遍召开人大工作会议，出台有关加强人大工作的意见，提出党委在立法、监督、决定重大事项、选举任免等方面支持和保证人大依法履职的着力点和举措。

二是，地方各级人大及其常委会接受同级党委领导，"按照

---

〔1〕 栗战书：《在中央人大工作会议上的总结讲话》，《中国人大》2021 年第 23 期，第 15 页。

〔2〕 信春鹰：《中国共产党与我国的根本政治制度》，《求是》2021 年第 23 期，第 53 页。

党中央关于人大工作的要求，围绕地方党委贯彻落实党中央大政方针的决策部署"，创造性地做好立法、监督等工作。[1]普遍定期向同级党委请示报告人大工作的重点安排和重大事项，严格按照党委的部署要求抓好落实。

二、人大及其常委会行权的基本特点

民主集中制是我国的国家政权的组织原则和活动准则。我国宪法第三条第一款规定："中华人民共和国的国家机构实行民主集中制的原则。"人大及其常委会的运行、职权的行使，都实行民主集中制原则。在本书中，我们着重从活动准则的角度，来看待和评介人大及其常委会的行权制度规则。

（一）实行合议制

各级人大及其常委会的运行都实行合议制。什么是合议制？通常就是两句话：一是"集体有权，个人无权"；二是"每人一票，每票价值相等"。这是人大及其常委会行使职权最基本的特点。

代表大会、常委会、专门委员会都要实行这项基本的议事制度，通过合议制形式，集体讨论问题，集体决定问题，集体行使职权。这也是判断人大立法和监督等具体工作对与错、越权与失职的基本标准。

（二）通过会议形式行使职权

人大及其常委会行使职权的基本形式是举行会议。在会议审议过程中，每位人大代表或常委会组成人员充分发表意见，会议

---

〔1〕 习近平：《结合地方实际创造性做好立法监督等工作　更好助力经济社会发展和改革攻坚任务》，《习近平谈治国理政》第三卷，外文出版社 2020 年版，第 290 页。

对于审议中提出的各种意见，包括不同意见，都要认真研究。在会议表决时，每位人大代表或常委会组成人员无论来自哪个地区和从事什么职业，无论职务高低，都是平等的，每人一票，每票效力相同，最后按照多数人的意见作出决定。

总之，就是在充分发扬民主的基础上，集体行使职权，集体决定问题，由人大代表或常委会组成人员依照法定程序进行表决。人大代表、常委会组成人员通过集体组成国家权力机关来行使国家权力，人大代表也好，常委会组成人员也好，都无权单独行使国家权力。

（三）实行法定程序原则

为了保证全国人大常委会严格履行宪法和法律赋予的职责，现行宪法和全国人大议事规则、全国人大常委会议事规则等规定了全国人大及其常委会的议事制度、程序，对全国人大及其常委会会议召开的次数、日期、会期、会议议程和日程的确定等程序作了明确规定。特别是，2022 年 6 月新修改的全国人大常委会议事规则第二条规定："全国人民代表大会常务委员会坚持中国共产党的领导，依照法定职权和法定程序举行会议、开展工作。"进一步明确了程序原则。

人大及其常委会从举行会议、提出议案到审议议案，都要遵循一整套的法定形式和程序；制定和修改法律法规，作出决议、决定，都要经过充分的讨论，然后进行投票表决，并按照少数服从多数的原则作出决定。

三、召开会议是人大及其常委会行权的基本方式

（一）人大召开会议是法定的

人大会议，包括代表大会会议（全体会议、代表团全体会

议、代表小组会议等）、常委会会议（全体会议、分组会议、联组会议等）、委员长会议，不仅它的产生（组成）、职权等是由宪法法律规定的，而且它们各自行使职权的方式——会议也是法定的。进一步说，会议召开的日期、会议议程、会议日程、会议议事等都是法定的，或者由人大依法决定的。即便要推迟召开，也须由人大常委会作出决定。比如，全国人大议事规则第二条第二款明确规定："遇有特殊情况，全国人民代表大会常务委员会可以决定适当提前或者推迟召开会议。提前或者推迟召开会议的日期未能在当次会议上决定的，全国人民代表大会常务委员会可以另行决定或者授权委员长会议决定，并予以公布。"

总之，人大会议属于必须召开的会议，因此，人大会议是不能随意精简甚至取消的。

（二）人大及其常委会作为国家权力机关的性质所决定的

习近平总书记在中央人大工作会议上的重要讲话中，深刻指出，"要完善人大的民主民意表达平台和载体，健全吸纳民意、汇集民智的工作机制"[1]。人大是人民行使国家权力的机关。现行宪法第二条第二款规定："人民行使国家权力的机关是全国人民代表大会和地方各级人民代表大会。"人民依照法律规定，通过各种途径和形式，管理国家事务，管理经济和文化事业，管理社会事务。其中，人民通过民主选举产生各级人大代表，组成国家权力机关，且人大代表主要是通过出席人大会议，依法履职，参加行使国家权力。

因此，人大代表不辜负人民群众的信任和委托，体现人民行使管理国家的权力，体现人民当家作主的权利，就要把人民群众

---

〔1〕 习近平：《在中央人大工作会议上的讲话》，《求是》2022年第5期，第13页。

的愿望和诉求"带上来"，就要在人大的各种会议上，认真审议议案和报告，畅所欲言，各抒己见，真正把人民群众的所思所想所盼"说"出来、呈现出来、表达出来；同时在投票时投下庄严的一票。换句话说，人大代表要在人大会议上表达"民意"，使人大成为人大代表反映人民群众利益诉求的平台，使人大成为"民主民意表达平台和载体"。

（三）人大及其常委会依法履职的特点所决定的

人大及其常委会行使职权的特点，或者说，人大工作的特点，就是集体讨论问题，集体行使职权，集体决定问题。宪法法律赋予各级人大及其常委会许多职权，讨论决定全国或者本地的重大问题。全国范围内的重大问题由全国人大及其常委会集体讨论决定。地方上的重大问题由地方人大集体讨论决定。这本身要求在人大会议上进行充分讨论，凝聚共识，最后通过投票的方式，以少数服从多数的原则，作出决定。这些决定必须是人大召开会议，并最终在会议上达成的共识，而通过的法律法规、作出的决定决议就是这种共识的集中体现。人大没有按照法定程序来召开会议，就绝不可能作出任何决定。

四、人大及其常委会议事的基本原则

我国宪法第三条第一款规定："中华人民共和国的国家机构实行民主集中制的原则。"民主集中制既是我国国家机构的组织原则，也是其活动准则。全国人大组织法第六条规定："全国人民代表大会及其常务委员会实行民主集中制原则，充分发扬民主，集体行使职权。"就是说，这一原则也是人大议事制度的基本原则。具体来说，人大议事制度包括以下五项原则。

（一）平等原则

每一名人大代表和常委会组成人员在法律地位上都是平等的。这是人大及其常委会议事制度、程序的一项最基本原则，也是最重要的特点。每一名人大代表和常委会组成人员，没有"尊卑贵贱"之分，不管是领导干部，还是基层工人、农民和知识分子，都有同等的发言机会，可以充分发表意见，投票表决时都只有一票，且每一票都具有同等的效力，个人或者少数人不能决定重大问题。

（二）民主原则

人大作为国家权力机关，它的议事制度和程序都实行民主集中制原则。宪法和法律赋予各级人大及其常委会众多职权，而这些职权的行使，都关系到国家（或者地区）全局和广大人民群众的根本利益。因此，无论法律法规的制定还是其他重大问题的决定，都必须充分发扬民主，实行民主基础上的集中、集中指导下的民主，就是由全体人大代表或者常委会全体组成人员充分发表意见，集体讨论问题，集体决定问题，少数服从多数，以真正集中人民的共同意愿，代表人民的根本利益。

（三）法治原则

人大及其常委会的职权是法定的，它的议事制度、程序也是法定的，具有法律强制性，是必须遵守的，不遵守法定程序是违法的，因此，要坚决杜绝随意性。从会议召开日期的决定、会议召集、会议议程和会议日程的确定、全体会议和其他各种会议的召开，到通过法律法规、作出决定决议，都必须始终遵守法定程序。就全国人大及其常委会会议的举行而言，必须遵守宪法和全国人大组织法、全国人大议事规则、全国人大常委会议事规则等法律的规定。就地方人大及其常委会会议的举行而言，必须遵守宪法和地方组织法以及地方人大及其常委会议事规则等规定。

（四）效率原则

人大及其常委会通过召开会议的形式来行使职权，人大代表也好，常委会组成人员也好，都可以发言进行讨论、审议。但是，这种讨论、审议往往都是要有结果的，不能"议而不决"，要作出决断。而这种决断就是要通过投票的方式来实现，也就是常说的"票决"。因此，人大及其常委会在对议题进行充分讨论之后"议决"，在"议"的基础上"决"。这样的结果，既有效率也有质量。

（五）议事公开原则

这一原则是实现和保证人民知情权、人民当家作主的要求，更是人大行使职权的内在要求。因为人大及其常委会通过的法律法规、作出的决定，全国或者本地区都是必须一体遵循的，而前提就是议事过程及其结果必须公开。

1982年全国人大组织法第二十条明确规定："全国人民代表大会会议公开举行；在必要的时候，经主席团和各代表团团长会议决定，可以举行秘密会议。"需要注意的是，2021年3月，十三届全国人大四次会议同时对全国人大组织法和全国人大议事规则进行修改的时候，将这方面的内容移至全国人大议事规则第十七条中予以规定。根据新修改的全国人大议事规则第二条、第十七条、第十八条的规定，在认真总结成功做法和有益经验的基础上，进一步修改完善了人大会议公开制度。这包括以下内容。

一是，全国人大会议召开的日期，由全国人大常委会决定并予以公布。

二是，全国人民代表大会会议公开举行。（1）全国人大会议议程、日程和会议情况应当公开。（2）全国人大会议期间，代表在各种会议上的发言，整理简报印发会议，并可以根据本人要求，将发言记录或者摘要印发会议。（3）大会全体会议设旁听席。

三是，全国人大会议举行新闻发布会、记者会。（1）全国人大会议设发言人，代表团可以根据需要设发言人。（2）大会秘书处可以组织代表和有关部门、单位负责人接受新闻媒体采访。代表团可以组织本代表团代表接受新闻媒体采访。（3）大会全体会议可以通过广播、电视、网络等进行公开报道。

第二节　全国人大及其常委会议事制度的建立和发展

众所周知，1931 年中华苏维埃第一次全国代表大会会议的一些制度和程序，比如，会议选举产生主席团[1]，并由主席团主持会议。这项制度一直延续下来。这里，我们不妨说得远一点，追溯一下有关历史。

一、华北临时人民代表大会的"开法"

进入解放战争时期，各地在"三三制"参议会的基础上，陆续召开了人民代表会议。值得注意的是，在石家庄召开的华北临时人民代表大会，是新中国成立前唯一以"人民代表大会"命名

---

〔1〕 这是苏俄（后来的苏联）的做法，1918 年的苏俄宪法对此作了规定。1924 年、1936 年的苏联宪法对此也有专门规定。

的地方权力机构和地方人民代表大会，并且，其会议的组织、职能、程序等方面得到了很好的继承和发扬。

（一）筹备会议和召开预备会议

1948 年 6 月，根据党中央指示和华北局通知精神，晋冀鲁豫和晋察冀两边区合并统一，并开始筹备华北临时代表大会。大会筹备委员会以宋劭文为主任，平杰三为副主任，指定薄一波、杨秀峰、宋劭文、戎子和、张友渔同志负责草拟准备提交大会的重要文件。

1948 年 8 月 5 日—6 日举行预备会，选举产生由董必武、聂荣臻、薄一波、彭真、滕代远、杨秀峰、宋劭文等 33 人组成的大会主席团，杨秀峰、万丹如等 11 人组成的资格审查委员会。

（二）召开会议的有关情况

1948 年 8 月 7 日，华北临时人民代表大会在石家庄人民礼堂正式开幕[1]。出席这次大会的代表542 人，其中党员 376 人，非党人士 166 人，非党员代表占实到代表总数的 1/3 弱。[2]

大会由董必武致开幕词，中原军区邓小平作为来宾代表发表讲话。董必武同志指出：“它是一个临时性的，也是华北一个地区的，但是，它将成为全国人民代表大会的前奏和雏形。”[3]

9 日—12 日，分别由杨秀峰、宋劭文作晋冀鲁豫边区政府和晋察冀边区行政委员会两年来的政府工作报告；聂荣臻作华北军区两年来的军事报告；薄一波作关于华北区施政方针的建议报

---

[1]　当时为了保密和与会代表的安全，华北临时人民代表大会对外称作“石家庄生产工作会议”。

[2]　河北省人大常委会研究室：《华北临时人民代表大会》，《河北日报》2014年 10 月 20 日。

[3]　董必武：《人民的世纪，人民的会议》，《董必武选集》，人民出版社 1985 年版，第 199 页。

告；杨秀峰作华北人民政府组织大纲草案说明；谢觉哉作村、县（市）人民政权组织条例草案及村、县（市）人民代表选举条例草案说明。

8月16日，大会通过了以上各种报告、建议和提案审查委员会，通过了《华北解放区施政方针》《华北人民政府组织大纲》和《村县（市）人民政府组织条例》等法令。18日，会议选举董必武等27人为华北人民政府委员会委员。19日，大会闭幕。

这里，着重介绍一下《华北人民政府组织大纲》。该组织大纲共15条，第三条规定："华北人民政府综理全华北区政务，并根据华北临时人民代表大会及华北人民代表大会所通过之施政方针及决议案制定实施条例及规程。"[1] 该组织大纲还对华北人民政府的职权、华北人民政府主席的职权、政府机构设置（设立部、会、院、行、厅）、华北人民监察院、华北人民法院等作了规定。特别是，第十三条规定"华北人民政府政务会议"，即为执行华北人民政府委员会之决议，解决各部门有关问题。华北人民政府政务会议由主席、副主席，各部长、院长，各会主任，银行总经理及秘书长组成，但主席有最后决定权。

（三）会议的重要意义和深远影响

华北临时人民代表大会与各解放区的参议会相比，其名义、构成分子、会议职权等均不同。这是中国民主革命历史上具有划时代意义的一次大会，是为了适应人民民主政权的基础和性质发生根本变化，总结晋冀鲁豫、晋察冀边区参议会实行"三三制"经验基础上的一种新型政权组织形式。正如董必武同志在大会开

---

〔1〕《华北人民政府组织大纲》，中共中央文献研究室、中央档案馆编：《建党以来重要文献选编（一九二一——一九四九）》第二十五册，中央文献出版社2011年版，第427页。

幕时所说，"它是中国民主革命历史中划时代的一次大会，在中国民主革命历史上将占有光荣的篇章"[1]。

华北人民政府成立后，开展了大量的工作，积累了丰富的政权建设经验，并积极参加中央人民政府成立的准备工作。1949 年 10 月 1 日成立的中央人民政府，它的底子就是华北人民政府，也就是在它那个基础上组织了各个部。10 月 27 日，中央人民政府主席毛泽东发出给华北人民政府主席董必武的命令："中央人民政府业已成立，华北人民政府工作着即结束。原华北人民政府所辖五省二市改归中央直属。中央人民政府的许多机构，应以华北人民政府所辖有关机构为基础迅速建立起来。"[2]

二、中国人民政治协商会议第一届全体会议的"开法"

1949 年 9 月 21 日—30 日，中国人民政治协商会议第一届全体会议召开。为了开好这次会议，制定了《中国人民政治协商会议第一届全体会议议事规则》，确定了议事制度。这主要包括：（1）全体会议由主席团常务委员会主持，有全体代表二分之一以上出席始得宣布开会，通过议案须有出席会议二分之一以上代表赞成，赞成与反对人数相同时，由主席决定。（2）代表有表决权，候补代表有发言权无表决权。（3）议案除由政协筹备会提出外，有代表三人连署也可以提出。还规定了表决方式和代表发言的次数与时间限制等内容。

---

〔1〕　董必武：《人民的世纪，人民的会议》，《董必武选集》，人民出版社 1985 年版，第 199 页。

〔2〕　中共中央文献研究室编：《毛泽东年谱（一九四九——一九七六）》第一卷，中央文献出版社 2013 年版，第 31 页。

中国人民政治协商会议第一届全体会议设有主席团和秘书长，会议期间的每次全体会议由执行主席（每次5人）轮流主持，会议议程包括：听取政协组织法、政府组织法及共同纲领起草经过的报告等，安排大会发言，还有分组讨论，表决通过各项议案、人选。会议设有提案审查委员会。

事实上，该议事规则及这次会议日程的安排、会议工作机构的设立等，为全国人大会议制度的建立及运行提供了极其宝贵的经验。

三、全国人大会议制度的初步建立

1954年9月15日，一届全国人大一次会议在北京隆重开幕。这标志着人民代表大会制度在全国范围内正式建立起来，当然也标志着全国人大会议制度的初步建立。特别是，这次会议通过的1954年宪法和全国人大组织法，对召开全国人大会议有关问题作了原则规定。这些会议制度规定，经过11年的实行和发展（到1964年三届全国人大一次会议，这是"文化大革命"前召开的最后一次会议），在进一步积累经验的基础上不断完善。

（一）基本上每年举行一次会议

全国人大会议的召开，是由全国人大常委会决定的。这一时期，全国人大常委会作出的召开会议的决定，对会议的议程有时提出建议，有时不提出建议。从1954年至1964年的11年间全国人大召开了10次会议（1961年没有召开会议），基本符合宪法关于全国人大会议每年举行一次的规定。（1）每次会议开幕的时间不确定，早的在2月份，晚的在12月份，并且在1957年后有4次会议（一届四次、二届一次、二届三次、二届四次）召开的时间确定后又延期，其中，1962 年二届三次会议经过 3 次延期才召开，这也致使 1961 年没有召开会议。（2）会期（包括预备会议）长短不一，长的 26 天，短的 12 天。（3）前 7 次会议公开举行，后 3 次会议秘密举行（"文化大革命"期间召开的唯一的一次会议——1975 年四届一次会议也是秘密举行的）。这些既反映了当时国家政治生活的状况，反映了 1957 年下半年以后人大工作受到损害，也说明全国人大建立之初 10 余年的会议制度还处在探索建立阶段。

（二）召开预备会议并形成制度

一届全国人大一次会议、二次会议不召开预备会议，从 1956 年一届全国人大三次会议开始，每次正式会议举行前都召开预备会议，这一做法延续了下来。但这一时期的预备会议会期长短不一，长的 7 天，短的 1 天，预备会议的议程也不固定。从 1959 年二届全国人大一次会议开始，在预备会议上选举大会主席团和秘书长（1975 年四届全国人大一次会议主席团和秘书长由正式会议选举产生）、通过会议议程。这一做法也延续了下来。

（三）设会议主席团

每次全国人大会议主席团第一次会议都是为召开全国人大会议做准备的，它有两项主要任务：一是互推主席团常务主席若干人，负责召集并主持主席团会议；二是决定大会副秘书长。

主席团的重要任务是主持全国人大会议全体会议，由主席团执行主席具体主持。每次全体会议执行主席的人数不同，少的 6 人，多的 41 人（分在两个会场）。1960 年二届全国人大二次会议开幕、闭幕会议的执行主席，由委员长、副委员长担任。

主席团的另外一项任务是提出国家领导机构人选名单。在 1954 年 9 月一届全国人大一次会议时，考虑到国家主席、副主席，全国人大常委会组成人员，最高人民法院院长和最高人民检察院检察长的人选有很大一部分是主席团成员，主席团自己提出不大好，决定这些人选由代表提出（1954 年全国人大组织法规定上述人选由代表联合提出或单独提出）。在 1959 年 4 月二届全国人大一次会议时，国家机构领导人员的人选，是主席团成员和各代表组组长、副组长举行联席会议，根据各代表组讨论的结果提出的。

（四）安排大会发言

一届全国人大一次会议时在全体会议上发言的有 164 人；一届全国人大二次会议有 147 人；一届全国人大三次会议有 163 人发言，1 人提交书面发言；一届全国人大四次会议有 408 人；一届全国人大五次会议有 294 人。二届全国人大一次会议发言的有 455 人（包括人大代表和政协委员）；二届全国人大二次会议有 514 人；二届全国人大三次会议有 164 人。二届全国人大一次、二次会议曾分两个会场同时进行大会讨论发言。

（五）明确表决方式

这一时期，有关表决方式的规定和做法还不固定。主要表现在：一是，具体的表决办法是由不同的主体通过的。比如，1954 年 9 月一届全国人大一次会议时，是由大会全体会议通过的无记名方式投票办法。1964 年 12 月 30 日，三届全国人大一次会议主席团第二次会议通过的无记名投票办法，规定大会的选举事项采取无记名投票方式作出决定。而这不是由大会全体会议通过的。二是，表决时又采取了不同方式。一届全国人大一次会议通过宪法，选举和决定国家机构领导人员，都采用了无记名投票的方式。三届全国人大一次会议选举和决定国家机构领导人员也采用的是无记名投票方式。而在 1975 年四届全国人大一次会议上，修改宪法和通过政府工作报告采用的是举手表决方式，选举人大常委会组成人员采用的是无记名投票方式。表决其他事项多是采用举手表决方式。

（六）开展提案和提案审查工作

新中国成立之前及初期，在地方各界人民代表会议上就已经开展了提案工作。从 1954 年一届全国人大一次会议到 1964 年三届全国人大一次会议共 10 次会议都设有提案审查委员会，负责审查代表提出的提案。提案审查委员会一般划分为工业、农业、财贸、文教、综合 5 个专业审查组。一届全国人大召开了 5 次会议，代表共提出提案 753 件；二届全国人大召开了 4 次会议，代表共提出提案 335 件；三届全国人大召开了 1 次会议，代表共提出提案 188 件。一届全国人大二次会议期间，青海省代表组提出提案，提议将全国人大代表和省（市）、州、县（市）人大代表的视察工作定为制度。因此，1955 年 8 月 6 日一届全国人大常委会第二十次会议作出决定，规定全国人大代表和省级人大代表一般每年视察两次。同时，还对代表视察的其他具体问题作了规定。

（七）一届全国人大一次会议致有开幕词

据记载，这是毛泽东采纳了张治中的建议。

此外，从 1959 年二届全国人大一次会议开始，全国政协委员列席全国人大会议（1975 年四届全国人大一次会议除外）。这在某种程度上是全国"两会"的前身。

四、新时期的全国人大会议制度

1978 年至 2012 年，人民代表大会制度建设进入新的历史时期。这一时期，全国人大会议制度可以划分为两个阶段。

（一）逐步规范

改革开放后，以现行宪法和全国人大组织法的颁布实施为标志，全国人大会议制度逐步规范起来。经历从 1979 年五届全国人大二次会议至 1989 年七届全国人大二次会议的 11 次会议，1982 年五届全国人大五次会议通过的宪法（现行宪法）和全国人大组织法，对全国人大会议制度作出规定。

第一，宪法第六十条第二款规定，全国人大任期届满的两个月以前，全国人大常委会必须完成下届全国人大代表的选举。如果遇到不能进行选举的非常情况，由全国人大常委会以全体组成人员的三分之二以上的多数通过，可以推迟选举，延长本届全国人大的任期。在非常情况结束后一年内，必须完成下届全国人大代表的选举。这是总结"文化大革命"期间全国人大不能按时换届、会议不能正常举行的教训而作出的规定。

第二，全国人大组织法第二条规定，全国人大常委会应当在全国人大会议举行一个月以前，将开会日期和建议大会讨论的主要事项通知全国人大代表。

第三，全国人大组织法第四条，将 1954 年规定的全国人大代表按照选举单位组成"代表小组"，修改为组成"代表团"，各代表团分别推选代表团团长、副团长。

第四，规定了代表团在全国人民代表大会的地位和作用。明确一个代表团和 30 名以上的代表联合可以提出"议案"，代表还可以提出对各方面工作的"建议、批评和意见"（以下简称"建议"）。而此前的一届全国人大至五届全国人大，不区分"议案"和"建议"，统称为"提案"，由提案审查委员会向大会提出审查报告，大会通过。四届全国人大一次会议和五届全国人大一次会议没有提出提案。从 1983 年六届全国人大一次会议开始，由大会秘书处向主席团提出关于代表提出议案处理意见的报告，主席团通过。

（二）系统化和法制化

1989年七届全国人大二次会议通过全国人大议事规则，使全国人大会议制度系统化、规范化、法制化。这在全国人大会议制度史上具有里程碑意义。

第一，会议固定在每年第一季度举行。在1979年至1989年的全国人大11次会议中，前6次会议举行的时间不固定，在5月、8月举行的各一次，在6月、11月举行的各两次。后5次会议均在3月举行，据此，全国人大议事规则规定，全国人大会议于每年第一季度举行。同时还规定，必须有三分之二以上代表出席，方可举行会议。另外，1984年以来，全国人大常委会连续6次作出关于召开全国人大会议的决定，都是在全国人大会议开幕前的两个月作出的。

第二，明确了预备会议的会期和议程。预备会议在大会开幕的前一天举行，议程是选举主席团和秘书长、通过大会议程。预备会议由全国人大常委会主持；每届第一次会议的预备会议，由上届全国人大常委会主持。举行预备会议时，委员长会议组成人员在主席台上就座。

第三，主席团会议和主席团的任务具体化。一是，主席团第一次会议的职责包括：（1）推选主席团常务主席若干人，通常常务主席由全国人大常委会委员长会议组成人员担任（每届一次会议除外）。（2）推选主席团成员若干人分别担任每次大会全体会议的执行主席。（3）决定大会副秘书长。（4）决定会议日程。（5）决定表决议案的办法。（6）决定代表提出议案截止日期。（7）决定其他需要由主席团第一次会议决定的事项。二是，主席团会议由主席团常务主席召集并主持。主席团第一次会议由全国人大常委会委员长召集。主席团常务主席可以对属于主席团职权范围内的事项向主席团提出建议,并可以对会议日程安排作必要的调整。三是,主席团的主要职责是:(1)主持全国人大会议。(2)提出议案。

第四,审议议案的三种形式。一是,代表团全体会议,二是代表小组会议,三是大会全体会议。大会全体会议由主席团召集,安排代表作大会发言,就议案和有关报告发表意见。另外,主席团常务主席可以召集代表团团长会议和有关代表参加的会议,讨论有关问题。

第五,对发言和表决等作出规定。代表在全国人大各种会议上的发言和表决,不受法律追究。代表在大会全体会议上发言的,每人可以发言两次,第一次不超过10分钟,第二次不超过5分钟。大会全体会议表决议案,由全体代表的过半数通过。宪法的修改,由全体代表的三分之二以上的多数通过。会议表决议案采用投票方式、举手方式或者其他方式。宪法的修改,采用投票方式表决,由主席团决定。

第六,规定了决定全国人大会议秘密举行的特别程序。全国人大会议公开举行为"一般",公开举行的会议,需整理代表发言印发简报,会议设立旁听席,举行记者会;会议秘密举行为"例外",这须经主席团征求各代表团的意见后,由有各代表团团长参加的主席团会议作出决定。

特别值得指出的是,2005年5月26日,中共中央转发了《中共全国人大常委会党组关于进一步发挥全国人大代表作用,加强全国人大常委会制度建设的若干意见》。为了贯彻落实该若干意见,总结梳理以往的经验、工作惯例,2005年8月,全国人大常委会委员长会议制定了《全国人民代表大会会议工作程序》，主要内容包括：一是，全国人大任期届满前一年，作出关于下届全国人大代表名额和选举问题的决定。在实践中做到了每届任满五年，届满按时换届。二是，召开全国人大会议的决定在前一年的 12 月作出。三是，2 月份召开的全国人大常委会会议为当年的全国人大会议做准备工作。四是，在 3 月 4 日上午 10 时举行预备会议。议程是选举主席团和秘书长、通过大会议程。五是，合理安排主席团第一次会议的议程。六是，全国人大会议安排在 3 月 5 日开幕。七是，会议一般分为 5 个单元进行。八是，分别通过会议选举和决定任命的办法、专门委员会人选的表决办法、表决议案办法等 3 个办法。九是，安排多场新闻采访活动。这进一步细化了服务、组织全国人大会议的制度，增强了可操作性。

进入新时代，人民代表大会制度理论和实践不断创新发展，相应地，全国人大会议制度也进一步发展完善。有关情况，在后面的章节中予以叙述。

第三节　全国人大议事制度

根据现行宪法和全国人大议事规则、全国人大常委会议事规则等规定的议事制度、程序，对全国人大及其常委会会议召开的次数、日期、会期、会议议程和日程的确定等程序作了明确规定。因此，全国人大及其常委会从举行会议、提出议案到审议议案，都要遵循一整套法定的形式和程序，制定和修改法律，作出决议、决定，都要经过充分的讨论，在此基础上，按照少数服从多数的原则来进行表决。所有这些，充分保证了全国人大及其常委会严格履行宪法法律赋予的职责。

1989 年 4 月 4 日，七届全国人大二次会议通过全国人大议事规则。这是根据宪法和全国人大组织法、全国人大的实践经验而制定的。该议事规则对会议的举行，议案的提出和审议，审议工作报告、审查国家计划和国家预算，国家机构组成人员的选举、罢免、任免和辞职，询问和质询，调查委员会，发言和表决等都作了明确规定。

2021 年 3 月，十三届全国人大四次会议通过关于修改全国人大议事规则的决定。这是这部法律施行 30 多年来的首次大修，是最高国家权力机关自我完善发展的重要举措，有利于进一步规范、完善全国人大会议制度和工作制度，优化会议流程，提高会议审议质量和效率，发挥最高国家权力机关的职能作用。

一、全国人大会议召开的届次

如前所述，全国人大的会期制度有一个曲折发展的过程，并逐步规范、完善。根据宪法和全国人大组织法等法律的规定，全国人大每届任期五年。

二、全国人大会议召开的会期

宪法第六十一条规定，全国人大会议每年举行一次，由全国人大常委会召集。全国人大组织法第八条规定，全国人大会议每年举行一次，由全国人大常委会召集；全国人大常委会认为有必要，或者有五分之一以上的全国人大代表提议，可以临时召集全国人大会议。这就明确了全国人大会议的会期制度。全国人大议事规则对此作了更为具体的规定。

第一，全国人大会议举行的时间

全国人大会议召开的日期，由全国人大常委会决定并予以公布。同时，总结2020年新冠肺炎疫情发生后举行全国人大会议的实践经验，修改后的全国人大议事规则增加规定：遇有特殊情况，全国人大常委会可以决定适当提前或者推迟召开会议；提前或者推迟召开会议的日期未能在当次会议上决定的，全国人大常委会可以另行决定，或者授权委员长会议决定并予以公布。

会期由全国人大常委会决定，并在一个月前通知全国人大代表。全国人大会议召开后，主席团常务主席可以对会议日程安排作必要的调整。

1989年七届全国人大二次会议通过的全国人大议事规则规定，全国人大会议于每年第一季度举行。从八届全国人大一次会议开始，一般在每年的三月举行。从九届全国人大一次会议开始，一般在每年的3月5日举行。这样，便于审查批准本年度的国家预算和前一年度的预算执行情况、国民经济和社会发展计划及计划执行情况。

2020年新冠肺炎疫情暴发致全国人大会议延期召开。2019年12月28日，十三届全国人大常委会第十五次会议通过关于召开十三届全国人大三次会议的决定。根据该决定，十三届全国人大三次会议于2020年3月5日召开。但是，由于2020年1月新冠肺炎疫情暴发，2月24日，十三届全国人大常委会第十六次会议通过关于推迟召开十三届全国人大三次会议的决定。根据这一新的决定，适当推迟召开十三届全国人大三次会议，具体开会时间由全国人大常委会另行决定。4月29日，十三届全国人大常委会第十七次会议决定，十三届全国人大三次会议于 5 月 22 日召开。5 月 21 日，十三届全国人大三次会议召开预备会议，通过由 174 人组成的大会主席团和秘书长名单，通过会议的议程。这是改革开放以来，首次依法推迟召开全国人大会议，当然也是非常时期应对非常事件的非常举措。

第二，全国人大会议会期长短

人大会议会期长短是很重要的，我国法律还没有对此作出规定。最近 10 多年，全国人大会期一般是 10 天左右；2020 年至 2023 年的会期为 7 天左右。其中，2023 年十四届全国人大一次会议的会期为八天半。从这四次大会会议情况看，尽管会期缩短了，但是会议议程不变、会议要素不减。换句话说，就是会议的组织和服务保障更加紧凑，更加有力有效。

第三，由全国人大常委会召集

每届全国人大第一次会议，在本届全国人大代表选举完成后的两个月内，由上一届全国人大常委会召集。全国人大常委会应当在全国人大会议举行一个月以前，将开会日期通知全国人大代表。

第四，临时召集全国人大会议

如果常委会认为必要，或者有五分之一以上的全国人大代表提议，可以临时召集全国人大会议。实践中，还没有出现过全国人大常委会认为必要和有五分之一以上的全国人大代表提议，临时召开全国人大会议的情况。

三、全国人大会议的主持

全国人大会议举行前，召开预备会议。预备会议由全国人大

常委会主持，每届全国人大第一次会议的预备会议，由上届全国
人大常委会主持。

第一，预备会议的主持

全国人大会议举行前，召开预备会议，选举本次会议的主席
团和秘书长，通过本次会议的议程和其他准备事项的决定。

主席团和秘书长的名单草案，由全国人大常委会委员长会议
提出，经常委会会议审议通过后，提交预备会议。

第二，主席团主持全国人大会议

主席团推选常务主席若干人，召集并主持主席团会议。主席
团推选主席团成员若干人分别担任每次大会全体会议的执行主
席，并指定其中一人担任全体会议主持人。

四、全国人大会议期间的领导机构

第一，全国人大会议主席团的性质及组成

全国人大会议主席团是在全国人大会议期间主持会议的集体
领导机构，是代表大会的组织者。每次会议的主席团由全国人大
常委会提出名单草案，在代表大会预备会议上选举产生。全国人
大会议主席团成员必须是全国人大代表，一般由 170 人左右组
成。成员包括：中国共产党和国家领导人，各民主党派中央、全
国工商联负责人和无党派爱国人士，中央党、政、军机关有关负
责人和人民团体负责人，工农业等方面英模人物、企业家和知识
分子等各界代表人物，人口在一百万以上的少数民族代表，各
省、自治区、直辖市〔以下简称省（区、市）〕、特别行政区和
解放军代表团负责人等。

第二，全国人大会议主席团会议

全国人大会议主席团主要是通过召开主席团会议对大会实行

领导的。（1）主席团第一次会议。会议推选主席团常务主席若干人，推选主席团成员若干人分别担任每次大会全体会议的执行主席，并决定下列事项：副秘书长的人选；会议日程；会议期间代表提出议案的截止时间；其他需要由主席团第一次会议决定的事项。（2）主席团常务主席召集并主持主席团会议。主席团第一次会议由全国人大常委会委员长召集并主持，会议推选主席团常务主席后，由主席团常务主席主持。（3）主席团常务主席可以召开代表团团长会议，就议案和有关报告的重大问题听取各代表团的审议意见，进行讨论，并将讨论的情况和意见向主席团报告。主席团常务主席还可以就重大的专门性问题，召集代表团推选的有关代表进行讨论，国务院有关部门负责人参加会议，汇报情况，回答问题。会议讨论的情况和意见应当向主席团报告。（4）主席团可以召开大会全体会议进行大会发言，就议案和有关报告发表意见。

第三，全国人大会议主席团的职责

这是集体讨论决定应当由主席团决定的事项。主席团的决定，由主席团全体成员的过半数通过。这包括：（1）主持全国人大会议全体会议。（2）决定大会副秘书长的人选。（3）根据会议议程决定会议日程。（4）决定会议期间代表提出议案的截止时间。（5）决定会议期间提出的议案是否列入会议议程。（6）听取和审议关于各项议案和报告审议情况的汇报，并决定是否将议案和决定草案、决议草案提交会议表决。包括：听取和审议财政经济委员会关于计划和预算审查结果的报告，提出计划、预算的决议草案的表决稿提请大会表决；听取宪法和法律委员会关于法律草案审议结果的报告，决定将法律草案修改稿交各代表团审议；听取宪法和法律委员会关于法律草案修改情况的汇报，决定将法律草案表决稿提请大会表决。将各项报告的决议草案交各代表团审议，并根据代表团的审议意见，提出各项决议草案的表决稿提请大会表决。（7）听取主席团常务主席关于国家机构组成人员名单的说明，提名由会议选举的国家机构组成人员的人选，依照法定程序确定正式候选人名单。（8）提出会议选举和决定任命办法草案。（9）组织由会议选举或者决定任命的国家机构组成人员的宪法宣誓仪式。（10）其他应当由主席团处理的事项。主席团会议由主席团常务主席召集并主持。每次全国人民代表大会会议期间，根据情况召开若干次主席团会议。（11）决定对各代表团和代表在会议期间提出的罢免案、质询案的审议程序。（12）决定会议进行选举和表决议案所采用的方式。（13）在大会期间决定人大代表是否受逮捕和刑事审判。

五、全国人大会议期间的代表团

第一，全国人大代表团的组成

全国人大代表团是全国人大代表按照选举单位组成的参加全国人大会议的组织，是全国人大会议期间的基本单元。全国人大会议举行前，代表按照省（区、市）、特别行政区、解放军和武警部队为选举单位组成代表团。台湾省代表团由在全国各地的台湾省籍同胞中选出的代表组成。各代表团分别召开全体会议，推选代表团团长、副团长。

第二，团长召集并主持代表团全体会议

副团长协助团长工作。代表团可以分设若干小组。代表小组会议推选小组召集人。

第三，全国人大代表团的职责

主要包括：（1）代表团在每次全国人大会议举行之前，讨论人大常委会提出的关于会议的准备事项。审议全国人大常委会提出的主席团和秘书长名单草案、会议议程草案以及关于会议的其他准备事项，提出意见。（2）一个代表团可以向全国人大提出属于大会职权范围内的议案。（3）一个代表团可以书面提出对国务院和国务院各部、委的质询案。（4）三个以上的代表团可以提出对全国人大常委会组成人员，国家主席、副主席，国务院组成人员，中央军委组成人员，最高人民法院院长和最高人民检察院检察长的罢免案，并由大会主席团提请大会审议。以代表团名义提出议案、质询案、罢免案，由代表团全体代表的过半数通过。（5）在会议期间，对大会的各项报告和议案进行审议，并可由代表团团长或由代表团推选的代表，在主席团会议上或大会全体会议上，代表代表团对审议的议案发表意见。另外，在全国人大会议期间，代表团团长会议和主席团还可以决定在公开举行的会议之外，举行秘密会议。

六、全国人大会议议程

第一，议程内容

全国人大会议议程分为两大部分。（1）法定报告。在全国人大会议上，全国人大常委会、国务院、最高人民法院、最高人民检察院向会议提出的工作报告以及国务院提出的国家计划和国家预算（中央预算）的报告。（2）议案。这分成两类：一类是大会主席团和国家机构向大会提出的议案，另一类是代表联名或一个代表团向大会提出的议案。

第二，议题列入议程的程序

报告或者议案列入议程的程序如下：（1）在全国人大会议期

间，由主席团、国家机构提出的议案列入全国人大会议议程的程序是：由全国人大常委会提出会议议程草案，并于大会召开前的一个月，通知代表；大会前，各代表团组成后，审议会议议程草案，提出意见；常委会委员长会议根据各代表团提出的意见，对会议议程草案提出调整意见，然后将议程草案提请预备会议审议通过，如果没有调整意见，也可直接将议程草案提请预备会议审议通过。（2）由代表团或者代表联名提出的议案，可以在大会举行前提出，也可以在大会召开后提出。将其列入全国人大会议议程的程序是：由主席团第一次会议决定本次大会期间代表提出议案的截止日期；提出议案后，或者由主席团决定是否列入会议议程，或者先交有关的专门委员会审议，一般分成可以作为议案进行审议的议案和转为建议、批评和意见处理的议案两类；大会秘书处将分类结果（即处理意见）报告主席团；主席团将报告印发会议；本次人大会议结束后，对前一类议案，由有关专门委员会进行审议，并向全国人大常委会提出是否列入会议议程的意见，由全国人大常委会决定是否列入会议议程；也可以在大会期间，由专门委员会审议后即向主席团提出是否列入本次大会议程的意见，再由主席团决定是否列入本次会议议程。

七、全国人大会议的形式

这包括以下 8 种会议形式。

第一，预备会议

根据全国人大组织法和全国人大议事规则的规定，在每次全国人大正式会议开幕之前召开预备会议，全体代表出席会议。预备会议由全国人大常委会主持。每届全国人大第一次会议的预备会议，由上一届全国人大常委会主持。预备会议的任务是选举本次代表大会的主席团和秘书长，通过本次代表大会会议的议程和关于会议的其他准备事项的决定。

第二，主席团会议

主席团是全国人大会议的领导机构，主持全国人大会议。每届全国人大会议每年的第一次会议的主要任务是：（1）推选主席团常务主席若干人；（2）推选主席团成员若干人分别担任本次大会全体会议的执行主席；（3）决定大会副秘书长人选；（4）决定全国人大会议的日程；（5）决定本次大会表决议案的办法；（6）决定本次会议代表提出议案的截止日期；（7）决定其他需要由主席团第一次会议决定的事项。

第三，大会全体会议

全国人大全体会议由本次会议的执行主席轮流主持。全体会议的任务是：（1）听取和审议全国人大常委会、国务院、最高人民法院、最高人民检察院的工作报告；（2）审查国民经济和社会发展计划报告（书面）、财政预算报告（书面）并作出决议；（3）对提交大会审议的各项议案进行审议和表决，作出决定；（4）依法选举、决定和罢免国家机构组成人员；（5）决定国家的其他重大事项等。

第四，代表团团长会议

代表团全体会议推选代表团团长一人，副团长若干人。代表团团长会议是各代表团的团长或副团长参加的会议，由主席团常务主席召开。其任务主要是：就议案和有关报告的重大问题向主席团常务主席汇报审议意见，进行讨论。

第五，代表团全体会议

代表团全体会议由代表团团长召集并主持，主要任务是：

（1）集中审议各项报告和议案；（2）通过以代表团名义提出的议案、质询案、罢免案等；（3）听取代表团团长传达主席团会议的决定和意见；（4）听取国务院或国务院有关部门回答询问、本代表团提出的质询。

第六，代表团小组会议

这是全国人大代表审议议案的主要会议形式。因为大多数代表团的人数都较多，只有划分成代表小组，才能使代表充分发表意见。代表团小组会议一般由 10 至 30 人组成，由小组会议召集人轮流主持会议。举行全国人大会议时，大多数省（区、市）都召开小组会议进行审议，只有人数特少的几个代表团，如西藏、青海、宁夏、台湾等省（自治区），不分小组，只举行代表团全体会议。

第七，专门委员会会议

在全国人大会议期间，专门委员会在全国人大领导下开展工作，主要任务有：（1）决定向全国人大会议提出属于全国人大职权范围内的议案；（2）当一个代表团或者三十名以上的代表联名提出议案，经主席团交付后，有关的专门委员会召开会议进行审议，提出是否列入会议议程的意见；（3）列入会议议程的议案，除交各代表团审议外，经主席团交付后，有关的专门委员会召开会议进行审议，提出报告；（4）列入会议议程的法律案，除各代表团审议外，并由宪法和法律委员会、有关专门委员会召开会议进行审议，宪法和法律委员会再根据各代表团和有关专门委员会的审议意见，召开会议对法律案进行统一审议，并向主席团提出审议结果的报告和草案修改稿；（5）国务院向全国人大会议提出的国民经济和社会发展计划、国家财政预决算报告，除各代表团审议外，并由财经委员会和有关专门委员会召开会议进行审议，财经委员会再根据各代表团和有关专门委员会的审议意见，对国民经济和社会发展计划、国家财政预决算报告进行审查，并向主席团提出审查结果的报告；（6）听取国务院或者有关机关负责人对专门委员会审议时提出的询问进行回答和补充说明；（7）听取由主席团决定的受质询的机关负责人在有关的专门委员会会议上进行对质询的口头答复；（8）决定举行专门委员会的秘密会议。

第八，秘密会议

秘密会议是一种特殊会议形式。在一般情况下，全国人大会议应公开举行。在必要的时候，也可以举行秘密会议，举行秘密会议须经全国人大会议主席团征求各代表团的意见后，由各代表团团长参加的主席团会议决定。

第四节　全国人大常委会会议制度

一、常委会会议有关规定

（一）全国人大常委会议事规则

1987 年 11 月 24 日，六届全国人大常委会第二十三次会议通过全国人大常委会议事规则。它是根据宪法、全国人大组织法和全国人大常委会工作的实践经验制定的。该议事规则对全国人大常委会会议的召开、议案的提出和审议、听取和审议工作报告、询问和质询、发言和表决等作了具体的规定。2009 年 4 月，十一届全国人大常委会第八次会议对议事规则作了修改。2021 年 12 月，十三届全国人大常委会第三十二次会议初次审议了全国人大常委会议事规则修正草案；2022 年 6 月 24 日，十三届全国人大常委会第三十五次会议作出关于修改全国人大常委会议事规则的决定。

现行全国人大常委会议事规则共八章五十二条，包括总则、会议的召开、议案的提出和审议、听取和审议报告、询问和质询、发言和表决、公布、附则。

（二）全国人大常委会组成人员守则

1993 年 7 月 2 日，八届全国人大常委会第二次会议通过全国人大常委会组成人员守则，并公布施行。守则对常委会组成人员履行职责作了规范。

全国人大常委会组成人员守则是全国人大常委会组成人员的行为准则和自律性规范。为了贯彻习近平新时代中国特色社会主义思想，贯彻中央人大工作会议精神，坚持和完善人民代表大会制度，加强和改进新时代人大工作，加强全国人大常委会自身建设，全国人大常委会在总结经验的基础上，对这个守则作了修改完善。2023 年 4 月 26 日，十四届全国人大常委会第二次会议通过修订后的全国人大常委会组成人员守则，由十六条增加到二十四条。修改后的守则，与近年来相继修改的全国人大组织法、全国人大议事规则、全国人大常委会议事规则等法律相衔接，完善了常委会组成人员自律性规范。这有利于提升常委会组成人员的政治素质和综合素质，推动常委会组成人员增强本领、勤勉尽责，为全面建成社会主义现代化强国、实现第二个百年奋斗目标，以中国式现代化全面推进中华民族伟大复兴贡献应有的力量。

（三）全国人大常委会委员长会议议事规则

1988 年 6 月 15 日，七届全国人大常委会委员长会议通过全国人大常委会委员长会议议事规则。1993 年 6 月 15 日，八届全国人大常委会委员长会议根据宪法和全国人大组织法的有关规定，对该议事规则作了修改，共十一条，对全国人大常委会委员长会议的组成、工作职责、议题确定、会议举行等内容作了明确规定。2008 年 6 月 16 日十一届全国人大常委会第五次委员长会议、2013 年 6 月 14 日十二届全国人大常委会第五次委员长会议、2023 年 4 月 14 日十四届全国人大常委会第二次委员长会议先后对该议事规则作了修改。

现行全国人大常委会委员长会议议事规则共五章十九条，包括总则、委员长会议的职责、会议的召开、议题的审议和决定、附则。

（四）其他工作（议事）规则

主要包括以下几项。

第一，全国人大常委会秘书长办公会议议事规则

1993 年 6 月 15 日，八届全国人大常委会第二次委员长会议通过全国人大常委会秘书长办公会议议事规则。2008 年 6 月 16 日十一届全国人大常委会第五次委员长会议、2013 年 6 月 14 日十二届全国人大常委会第五次委员长会议、2023 年 4 月 14 日十四届全国人大常委会第二次委员长会议先后对该议事规则作了修改。

现行全国人大常委会秘书长办公会议议事规则共十四条，根据有关法律规定，结合工作实际，修改完善了秘书长办公会议议事制度和议事程序，有利于提高秘书长办公会议议事质量和效率。

第二，全国人大常委会人事任免办法

1989 年 10 月 18 日，七届全国人大常委会第二十一次委员长

会议通过全国人大常委会人事任免办法。2008 年 6 月 16 日十一届全国人大常委会第五次委员长会议、2023 年 4 月 14 日十四届全国人大常委会第二次委员长会议先后对该人事任免办法作了修改。

现行全国人大常委会人事任免办法，根据宪法和有关法律的规定，总结实践经验，进一步规范了全国人大常委会人事任免工作。

第三，全国人大常委会会议工作程序

2005 年 8 月 15 日，十届全国人大常委会第三十五次委员长会议原则同意全国人大常委会会议工作程序。

为深入贯彻中央人大工作会议精神，坚持好、完善好、运行好人民代表大会制度，坚持和发展全过程人民民主，规范全国人大常委会会议的服务工作，保障常委会会议高效、有序举行，根据宪法和有关法律规定，结合工作实际，2023 年 4 月 14 日，十四届全国人大常委会第二次委员长会议对该工作程序作了修改。

全国人大常委会会议工作程序共四章二十八条，包括会议的筹备，会议的举行，会议的其他组织工作，法律、决议、决定、任免名单等的公布和会议闭幕后的工作。

第四，《关于加强为全国人大常委会会议听取和审议报告、议案服务的若干规定》

2005 年 8 月 15 日，十届全国人大常委会第三十五次委员长会议原则同意《关于加强为全国人大常委会会议听取和审议报告、议案服务的若干规定》。

为了进一步加强为全国人大常委会会议听取和审议报告、议案的服务工作，规范服务内容和要求，提高全国人大常委会会议的审议效率和审议质量，根据有关法律的规定，结合工作实际，

2023 年 4 月 14 日，十四届全国人大常委会第二次委员长会议对该若干规定作了修改。现行《关于加强为全国人大常委会会议听取和审议报告、议案服务的若干规定》共二十二条。

二、全国人大常委会会议会期和召集

全国人大常委会会议一般每两个月举行一次，每次会议的会期根据会议审议的内容确定。有特殊需要的时候，由委员长会议决定，可以临时召集常委会会议。

全国人大常委会会议由委员长召集并主持。委员长可以委托副委员长主持会议。全国人大常委会举行会议，须在会议举行七日以前，将开会日期和建议会议讨论的主要事项，通知常委会组成人员。临时召集的会议，可以临时通知。常委会会议必须有全体组成人员的过半数出席，才能举行。常委会组成人员除了因病或者其他特殊原因请假的，应当出席会议。

三、全国人大常委会会议议程

这就是列入常委会会议听取或审议的议题。一般来说，全国人大常委会全体会议的任务主要有以下内容。

1. 听取并决定本次常委会会议议程。

2. 听取关于法律案和其他议案的说明。

3. 听取国务院、国务院有关部门和国家监察委员会、最高人民法院、最高人民检察院向常委会所作的专项工作报告。

4. 审议全国人大代表团的出访报告。

5. 对有关法律案、人事任免案和其他议案进行表决。

6. 对全国人大各专门委员会和常委会代表资格审查委员会向常委会所作的报告进行表决。

7. 对常委会认为必要时所作出的关于国务院及国务院有关部委和最高人民法院、最高人民检察院工作报告的决议进行表决等。

四、全国人大常委会会议形式

全国人大常委会议事规则第十二条规定，常委会举行会议的时候，召开全体会议和分组会议，根据需要召开联组会议；第七条第二款规定，遇有特殊情况，经委员长会议决定，常委会组成人员可以通过网络视频方式出席会议。概括起来，全国人大常委会会议主要有以下 3 种常规会议形式，再加上作为补充形式的视频会议。

（一）全体会议

这是常委会全体组成人员参加的会议，主要任务是听取法律案等议案的说明，听取法律案等议案的审议意见的汇报或者审议结果的报告，听取各项工作报告；对各项议案进行表决。

（二）分组会议

这是常委会组成人员按组对各项议案和报告进行审议讨论的会议。九届全国人大以来分为六个组。分组会议由委员长会议确定若干名召集人，轮流主持会议。分组会议审议过程中有重大意见分歧或者其他重要情况的，召集人应当及时向秘书长报告。分组名单由常委会办事机构拟订，报秘书长审定，并定期调整，以便常委会组成人员通过分组会议相互交流。

（三）联组会议

这是在分组会议基础上召开的若干个小组联席会议。全国人大常委会议事规则第十四条第二款规定，联组会议可以由各组联合召开，也可以分别由两个以上的组联合召开。

九届全国人大常委会第十九次会议审议婚姻法修正案草案时，采用过大联组会议形式，对婚姻法涉及的重要问题进行深入审议。十一届全国人大常委会进行了9次专题询问，其中，5次是大联组会议，1次是分成两个小联组会议，3个小组成为一个联组。十二届全国人大常委会进行的15次专题询问中，有14次采用大联组会议形式，1次采用分组会议形式。十三届全国人大常委会也采用联组会议形式进行专题询问。

联组会议的开会形式有大联组和小联组两种，大联组会议在开会的形式上与全体会议没有区别，都是常委会全体组成人员一起开会，由委员长主持，委员长可以委托副委员长主持。小联组会议是由若干个小组组成联组，由副委员长主持。

在分组讨论各项议案和报告的基础上，召开联组会议对议案和报告所涉及的主要问题，特别是有意见分歧的问题，展开进一步的讨论，有利于使审议更加深入，求得比较一致的意见。

常委会组成人员在各种会议上的发言，可以印发会议简报。常委会分组会议、联组会议对议案或者有关工作报告进行审议时，有关部门应派人到会，听取意见，回答询问。以上所述，都是指在召开线下会议的情况。

（四）网络视频会议

这本身是科技普及运行的一个最新例子，而它的首次应用是由于新冠肺炎疫情的暴发。2020年2月24日，十三届全国人大常委会第十六次会议首次采取线下和线上相结合的方式举行，常委会组成人员分别以现场出席和网络视频方式出席。为此，全国人大常委会会议专门通过了十三届全国人大常委会第十六次会议表决议案办法。

五、全国人大常委会委员长会议

2023 年 4 月，最新修改后的全国人大常委会委员长会议议事规则，以习近平新时代中国特色社会主义思想为指导，认真贯彻落实习近平总书记关于坚持和完善人民代表大会制度的重要思想，认真贯彻落实党中央有关重大决策部署，以宪法法律为依据，强化问题导向，着力完善相关制度和工作机制，进一步完善议事程序，为全国人大常委会委员长会议履职尽责，提高议事效率和质量提供有力制度保障。

（一）委员长会议议事的基本原则

第一，必须召开会议

委员长会议由委员长、副委员长、秘书长组成。委员长会议审议和决定议题，须召开会议。

第二，坚持中国共产党的领导

中国共产党领导是中国特色社会主义最本质的特征，是中国特色社会主义制度的最大优势。坚持人大工作正确政治方向，坚持和加强党的全面领导，坚决维护党中央权威和集中统一领导，把党的领导贯彻落实到人大工作各方面全过程，保证党的理论、路线、方针政策和决策部署在人大工作中得到全面贯彻和有效执行。

第三，坚持法治原则

委员长会议依照法定职责和法定程序举行会议、开展工作。关于委员长会议的职责和程序，现行宪法和全国人大组织法、全国人大议事规则、全国人大常委会议事规则等法律中作了明确规定。特别是，全国人大常委会委员长会议根据宪法和有关法律规定，结合工作实际，制定和修改完善了全国人大常委会委员长会议议事规则，进一步健全了委员长会议的议事程序。委员长会议的召开和审议，都必须坚持依法办事原则，遵循严格的法定程序。

第四，实行民主集中制原则

委员长会议审议和决定问题，应当充分发扬民主，实行民主集中制的原则。委员长会议举行时，充分发扬民主，任何问题的决定都要在充分讨论、听取各方面意见后，以少数服从多数的原则决定，必须由委员长会议成员的过半数通过。

（二）委员长会议的职责

委员长会议的职责，涉及三个方面：一是全国人大会议的准备事项，二是全国人人常委会会议的有关事项，三是常委会日常工作。现分述如下。

第一，研究处理全国人大会议准备事项

在全国人大会议召开之前，委员长会议需要开展一系列准备工作。这主要包括：（1）拟订主席团和秘书长名单草案、议程草案，提请常委会会议审议。（2）拟订列席人员名单草案，提请常委会会议审议。（3）提出常委会工作报告稿，提请常委会会议审议。（4）讨论或者确定其他准备事项。（5）根据各代表团提出的意见，对主席团和秘书长名单草案、议程草案以及关于会议的其他准备事项提出调整意见，提请全国人大会议预备会议审议。

第二，研究处理常委会会议有关事项

在全国人大常委会会议期间，委员长会议要开展一系列工作，为全国人大常委会会议的顺利举行，提供服务保障。这主要包括：（1）决定常委会每次会议的会期和日程，拟订会议议程草案，必要时提出调整会议议程的建议和决定暂不公开会议有关议程。（2）向常委会提出属于常委会职权范围内的议案以及根据工作需要，委托常委会的工作委员会、办公厅起草议案草案并向常委会会议作说明。（3）对向常委会提出的议案和质询案，决定交由有关专门委员会审议或者提请常委会全体会议审议；如果认为提案人向常委会提出的法律案有重大问题需要进一步研究，可以建议提案人修改完善后再向常委会提出。（4）在全国人大闭会期间，向常委会提出各专门委员会副主任委员和委员人选，提名常委会代表资格审查委员会主任委员、副主任委员和委员人选，提请撤销国务院其他个别组成人员的职务。（5）听取有关专门委员会、工作委员会对提请常委会审议的议案和报告有关情况的汇报，听取常委会办公厅、工作委员会对有关工作情况的汇报。（6）根据常委会会议审议情况，决定是否将议案和报告、决定草案、决议草案提请常委会全体会议表决，对暂不交付表决的，提出下一步处理意见；在交付表决前，提案人要求撤回的，经委员长会议同意，对该议案的审议即行终止；可以决定终止审议或决定延期审议有关法律案。（7）委托专门委员会就有关问题开展调研询问。（8）确定常委会分组会议的召集人。（9）遇有特殊情况，决定常委会组成人员可以通过网络视频方式出席会议，可以调整会议列席人员范围。（10）法律规定的其他职责。

第三，研究处理常委会其他重要日常工作

在全国人大常委会闭会期间，委员长会议要开展一系列日常工作。这主要包括：（1）通过常委会年度工作要点、立法工作计划、监督工作计划、代表工作计划、专项工作计划和工作规范性文件等。（2）指导和协调各专门委员会的日常工作。（3）组织常委会任命或者决定任命的部分国家工作人员的宪法宣誓仪式。

（4）法律规定的其他职责和研究处理常委会其他主要日常工作。

（三）委员长会议的召开

第一，委员长会议的召集

委员长会议由委员长召集并主持。委员长可以委托副委员长主持会议。

第二，委员长会议须有规定的人数出席始得举行

委员长会议根据需要不定期召开，须有半数以上委员长会议成员出席始得举行。委员长会议成员不能出席会议的，须事先向委员长请假。

第三，委员长会议的召开时间和议题的确定

委员长会议的召开时间和议题，由秘书长提出，委员长确定。委员长会议拟讨论的文件，由委员长批印。委员长会议每次召开的时间和议题，除临时召开的会议外，一般应当提前通知委员长会议成员。如对会议讨论的文件或者事项有意见或者建议，可以在会议召开之前提出。

2021年7月9日上午，十三届全国人大常委会第九十七次委员长会议举行。栗战书委员长主持会议。会议听取了全国人大宪法和法律委员会主任委员李飞分别作的关于个人信息保护法草案、监察官法草案、法律援助法草案、医师法草案、兵役法修订草案主要问题情况的汇报。委员长会议组成人员对这些法律草案进行了审议。会议要求进一步广泛听取各方面对上述法律草案的意见并认真修改、予以完善。从此，在全国人大常委会会议之前，每逢单月增加1次委员长会议，专门研究讨论拟提请常委会会议表决通过的法律草案，目的就是对重点法律草案、法律草案中的重点问题进行充分讨论。此外，还有一个好处，就是通过召

开这样高规格的会议，讨论有关法律草案中的问题，进行协调沟通，以进一步达成共识。

第四，委员长会议的列席人员

经委员长或者秘书长决定，专门委员会主任委员、常委会副秘书长、常委会工作委员会主任和有关部门负责人可以列席委员长会议。专门委员会主任委员、常委会工作委员会主任因故不能列席的，经秘书长批准，可以委托本专门委员会、常委会工作委员会其他负责人列席。

（四）委员长会议议题的审议和决定

第一，审议和决定议题的形式

这一般包括三种形式：（1）委员长会议审议和决定议题，一般采用会议形式。（2）需要委员长会议及时作出决定但来不及召开会议的，委员长可以决定以分送、传批或者口头形式征求委员长会议成员意见。（3）经委员长同意，部分议题可以进行书面审议。

第二，委员长会议的审议

委员长会议举行前，委员长会议成员应就会议议题做好准备。委员长会议成员在会议上的发言，应围绕会议议题进行。

第三，委员长会议审议议题的汇报

这明确了以下几个方面的内容：（1）委员长会议审议议题，由秘书长确定议题汇报单位。汇报单位应当由主要负责人担任汇报人。主要负责人因故不能到会的，经秘书长同意，可以委托其他负责人汇报。（2）汇报应当简明扼要、重点突出、条理清晰、通俗易懂，内容复杂、篇幅较长的汇报文件，应当另拟简要汇报提纲作口头汇报。（3）对拟提请常委会审议的法律案、条约议案、专项工作报告、中央决算报告、审计工作报告、执法检查报告、代表资格审查报告等以及拟提请表决的议案和报告，分别规范了应重点汇报的内容。

第四，委员长会议的决定

委员长会议决定议题，须由全体成员的过半数同意。需要说明的是，委员长会议决定议题，实行的是民主集中制、集体负责制，而不是委员长负责制。

（五）委员长会议通过的文件的签发和公布

完善议事规则，提高委员长会议审议质量，关键是要落实好会议所通过的文件、作出的决定。为此，新修改的委员长会议议事规则作了相应完善。

第一，委员长会议通过的文件的签发

委员长会议通过的文件，由委员长签发；委员长可以委托副委员长或秘书长签发。

第二，委员长会议纪要和签发

委员长会议应作会议记录并编印会议纪要。会议纪要由委员长签发，委员长可以委托副委员长或秘书长签发。

第三，委员长会议的公布

委员长会议召开会议的情况和作出的决定，经秘书长同意，可以发布新闻。

第五节　全国人大专门委员会会议制度

全国人大组织法专章对全国人大各专门委员会作了规定，但没有详细规定它的会议制度。全国人大各专门委员会制定了本委员会的工作（议事）规则。

一、专门委员会会议的召集和主持

专门委员会一般每一至两个月举行一次会议，必要时可临时举行会议。

专门委员会会议由主任委员召集并主持，主任委员因故不能出席会议时，可以委托副主任委员召集并主持。专门委员会会议必须有专门委员会全体组成人员过半数出席才能举行。专门委员会组成人员，应依法履行职务，按时出席专门委员会会议，确因特殊情况不能出席时，必须请假。

专门委员会举行会议时，应将开会日期、会议议题提前通知全体组成人员，并同时送达有关材料。

二、专门委员会会议决定方式

专门委员会集体行使职权。各专门委员会在主任委员的主持下，按照民主集中制的原则审议讨论议案。专门委员会决定事项由专门委员会全体组成人员过半数通过。表决方式由委员会会议决定，表决结果由会议主持人当场宣布。

专门委员会会议应当形成会议纪要，写明会议议题、基本内容和决定事项等。如果专门委员会组成人员对决定有不同意见，应如实反映不同意见。

三、专门委员会的主要工作

（一）专门委员会主要工作的一般规定

新修改的全国人大组织法第三十七条明确列举了各专门委员

会的工作，包括以下 12 项。

1. 审议全国人大会议主席团或者全国人大常委会交付的议案。

2. 向全国人大会议主席团或者全国人大常委会分别提出属于全国人大或者其常委会职权范围内同本委员会有关的议案，组织起草法律草案和其他议案草案。

3. 承担全国人大常委会听取和审议专项工作报告有关具体工作。

4. 承担全国人大常委会执法检查的具体组织实施工作。

5. 承担全国人大常委会专题询问有关具体工作。

6. 按照全国人大常委会工作安排，听取国务院有关部门和国家监察委员会、最高人民法院、最高人民检察院的专题汇报，提出建议。

7. 对属于全国人大或全国人大常委会职权范围内同本委员会有关的问题，进行调查研究，提出建议。

8. 审议全国人大常委会交付的被认为同宪法、法律相抵触的国务院的行政法规、决定和命令，国务院各部门的命令、指示和规章，国家监察委员会的监察法规，省（区、市）和设区的市（州）的人大及其常委会的地方性法规和决定、决议，省（区、市）和设区的市（州）的人民政府的决定、命令和规章，民族自治地方的自治条例和单行条例，经济特区法规，以及最高人民法院、最高人民检察院具体应用法律问题的解释，提出意见。

9. 审议全国人大主席团或者全国人大常委会交付的质询案，听取受质询机关对质询案的答复，必要时向全国人大主席团或全国人大常委会提出报告。

10. 研究办理代表建议、批评和意见，负责有关建议、批评和意见的督促办理工作。

11. 按照全国人大常委会的安排开展对外交往。

12. 全国人大及其常委会交办的其他工作。

（二）专门委员会工作的特别规定

全国人大组织法还对其中三个专门委员会的工作职责作了一些特别规定。

1. 民族委员会可以对加强民族团结问题进行调查研究，提出建议；审议自治区报请全国人大常委会批准的自治区的自治条例和单行条例，向全国人大常委会提出报告。

2. 宪法和法律委员会承担推动宪法实施、开展宪法解释、推进合宪性审查、加强宪法监督、配合宪法宣传等工作职责；统一审议向全国人大或其常委会提出的法律草案和有关法律问题的决定草案，其他专门委员会就有关草案向宪法和法律委员会提出意见，并印发全国人大会议或者常委会会议。

3. 财政经济委员会对国务院提出的国民经济和社会发展计划草案、规划纲要草案、中央和地方预算草案、中央决算草案以及相关报告和调整方案进行审查，提出初步审查意见、审查结果报告；其他专门委员会可以就有关草案和报告向财政经济委员会提出意见。

4. 外事委员会审议国务院提请批准条约和协定的议案。

第六节　全国人大常委会秘书长办公会议制度

为了服务和保障全国人大及其常委会依法履行职权，根据宪法、全国人大组织法和有关法律规定以及实际需要，全国人大常委会设立了办事机构和工作机构，作为全国人大及其常委会的集体参谋助手班子，为全国人大会议、全国人大常委会会议、委员长会议服务，为全国人大代表和常委会组成人员依法行使职权服务。本书第一章中对全国人大常委会的办事机构、工作机构已作了介绍。这里，着重介绍秘书长及其领导下的常委会办公厅。

一、作为集体参谋助手班子的办公厅

（一）全国人大常委会办公厅的主要职责

办公厅是全国人大常委会的综合办事机构，主要职责包括以下几个方面。

1. 承担全国人大常委会党组会议、全国人大会议、全国人大常委会会议、委员长会议的筹备和会务工作。

2. 围绕全国人大及其常委会审议的议题开展调查研究，提供研究咨询意见。

3. 受委员长会议的委托，拟订有关议案草案。

4. 组织办理代表提出的建议、批评和意见。

5. 承担同地方人大联系的工作，承办全国人大及其常委会同外国议会、议会国际组织的交往联系工作。

6. 负责全国人大及其常委会的新闻发布和宣传工作。

7. 办理和接待全国人大代表和人民群众的来信来访等工作。

8. 办理全国人大常委会和委员长会议交办的其他工作。

（二）秘书长直接领导常委会办公厅

办公厅由秘书长直接领导，副秘书长协助秘书长分管办公厅所属各单位。秘书长、副秘书长通过秘书长办公会议研究处理机关日常工作。秘书长办公会议由秘书长召集和主持。

二、全国人大常委会秘书长办公会议议事规则

根据有关法律规定，结合工作实际，全国人大常委会委员长会议制定并修改了全国人大常委会秘书长办公会议议事规则。这有利于提高秘书长办公会议议事质量和效率，有利于提高为全国人大常委会党组会议、全国人大会议、全国人大常委会会议、全国人大常委会委员长会议服务保障工作水平。

（一）秘书长办公会议的议事原则

第一，秘书长办公会议的召集

秘书长办公会议由秘书长召集并主持，副秘书长参加。秘书长可以委托副秘书长主持会议。

第二，实行民主集中制原则

秘书长办公会议审议、决定问题，应当充分发扬民主，实行民主集中制的原则，集体讨论问题，集体决定问题。

第三，切实改进会风

秘书长办公会议要认真贯彻落实中央八项规定及其实施细则精神，注重提高会议质量和效率，开短会、讲短话、讲实话，切实改进会风。

（二）秘书长办公会议的主要职责

这包括以下几个方面。

1. 研究办理委员长会议交办的或者委员长、副委员长交办的有关事项。

2. 就拟提请委员长会议讨论的问题提出意见和建议。

3. 为召开全国人大常委会党组会议、委员长会议、常委会会

议做准备工作，为召开全国人大会议做前期准备工作。

4. 研究制定全国人大机关有关工作的规范性文件。

5. 组织实施全国人大机关建设。

6. 负责全国人大及其常委会的新闻发布和宣传工作。

7. 研究处理全国人大机关重要日常工作。

（三）秘书长办公会议的召开

第一，会议议题的确定

秘书长办公会议一般每两个月举行一次。会议议题由办公厅秘书局征求各位副秘书长意见后，报秘书长确定。秘书长办公会议拟讨论的文件，由秘书长批印。

第二，会议须有半数以上成员出席始得举行

这包括两个方面：（1）秘书长办公会议须有半数以上秘书长办公会议成员出席始得举行。（2）副秘书长不能出席秘书长办公会议的，应向秘书长请假。

第三，秘书长办公会议的列席

这分为两种情况：（1）经秘书长决定，常委会各工作委员会主任、办公厅研究室主任、机关党组成员和机关有关部门和单位负责人列席秘书长办公会议。（2）中央纪委、国家监委驻全国人大机关纪检监察组负责人列席秘书长办公会议。

（四）秘书长办公会议议题的审议和决定

第一，秘书长办公会议的审议

秘书长办公会议举行前，其成员应就会议议题做好审议准备。秘书长办公会议成员在会议上的发言，应围绕会议议题进行。

第二，秘书长办公会议讨论议题的汇报

秘书长办公会议讨论的议题，由副秘书长、工作委员会负责人或者有关局室负责人作说明，并提交相关文件。

第三，秘书长办公会议的决定

秘书长办公会议决定议题，须由秘书长办公会议成员的过半数同意。

（五）秘书长办公会议通过的文件的签发和执行

第一，秘书长办公会议通过的文件的签发

秘书长办公会议通过的文件，由秘书长或者秘书长委托的副秘书长签发。

第二，秘书长办公会议决定事项的执行

秘书长办公会议决定的事项，由办公厅秘书局通知机关有关单位执行，并将落实情况向秘书长办公会议作汇报。

第三，秘书长办公会议纪要和签发

秘书长办公会议应作会议记录，编印会议纪要，由秘书长签发，印发有关单位。

/ 第三章 /

全国人大的思想政治作风建设

全国人大及其常委会坚持按照党中央的部署要求，从政治建设、思想理论武装、纪律和作风建设等方面，加强自身建设。在本章中，我们着重从以下几个方面来介绍全国人大及其常委会的自身建设情况。

第一节　加强政治建设，强化思想理论武装

一、党的十八大之前对人大的定性定位

党中央历来高度重视全国人大及其常委会的思想政治作风建设。对人大的定性定位，这本身是国家权力组织和运行的重要前提和基础，体现在党和国家领导人的讲话、报告中，也体现在宪法的规定和党中央的文件中。这里，对党的十八大以前有关论述略作梳理如下。

（一）国家政权的机关

这是指的民主集中制的人民代表大会制度，包括各级人大和各级政府。新中国成立之初，国家政权建设的指导思想是毛泽东思想，特别是毛泽东《论联合政府》和《论人民民主专政》等著作所阐述的思想。这在中国人民政治协商会议第一届全体会议上刘少奇、周恩来、董必武等中共领导人的讲话或报告中都有

体现。

周恩来在关于共同纲领草案的起草经过和特点的报告中指出，"新民主主义的政权制度是民主集中制的人民代表大会的制度"，而"行使国家政权的机关就是各级人民代表大会和各级人民政府"[1]。1949 年 9 月 29 日，中国人民政治协商会议第一届全体会议通过的具有临时宪法性质和地位的共同纲领第十二条明确规定："中华人民共和国的国家政权属于人民。人民行使国家政权的机关为各级人民代表大会和各级人民政府。……国家最高政权机关为全国人民代表大会。全国人民代表大会闭会期间，中央人民政府为行使国家政权的最高机关。"

关于国家政权机关的原则，董必武作了更为明确的说明，强调民主集中制的具体表现是"人民代表大会制的政府"。他指出："我们的制度是议行合一的，行使国家权力的机关是各级人民代表大会和它产生的各级人民政府。"[2] 在实践中，中国人民政治协商会议第一届全体会议选举产生的中央人民政府委员会，就是当时行使全国最高政权的机关。

总之，在中国共产党领导下，中国人民在 1949 年取得解放战争和人民革命的伟大胜利，使帝国主义、封建主义和官僚资本主义在中国的统治宣告结束，中国人民由被压迫的地位变为新国家新社会的主人。当时，关于国家政权机关的认识，是民主集中制的人民代表大会制度，实行的是议行合一的原则。

（二）人民代表机关和（国家）权力机关

毛泽东在谈到 1954 年宪法草案时说，它的原则基本上是"民主原则和社会主义原则"两个，我们的民主"是人民民主，

---

〔1〕《周恩来选集》上卷，人民出版社 1980 年版，第 369 页。
〔2〕《董必武选集》，人民出版社 1985 年版，第 247 页。

这就是无产阶级领导的、以工农联盟为基础的人民民主专政。人民民主的原则贯穿在我们整个宪法中"[1]。刘少奇指出，宪法规定我们国家的政治制度是人民代表大会制度，在普选基础上产生的各级人民代表大会，"能够充分代表人民的意志，所以这是具有高度民主性质的人民代表机关"，同时，"我国的人民代表大会就是这样能够对重大问题作出决定并能够监督其实施的国家权力机关"[2]。这里，使用的提法是"人民代表机关"和"国家权力机关"。

新中国第一部社会主义性质的宪法，即 1954 年宪法第二条规定："中华人民共和国的一切权力属于人民。人民行使权力的机关是全国人民代表大会和地方各级人民代表大会。"这里使用的是"权力机关"，并在 1975 年宪法延续下来，其中第三条第一款规定："中华人民共和国的一切权力属于人民。人民行使权力的机关，是以工农兵代表为主体的各级人民代表大会。"

但是，1978 年宪法使用的是"国家权力机关"概念。其中，第三条第一款规定："中华人民共和国的一切权力属于人民。人民行使国家权力的机关，是全国人民代表大会和地方各级人民代表大会。"之后，这一规定成为标准说法。

（三）人民权力机关和国家权力机关

1981 年 6 月 27 日—29 日，党的十一届六中全会举行，完成了党的指导思想的拨乱反正。这次会议通过的关于建国以来党的若干历史问题的决议提出，逐步建设高度民主的社会主义政治制度，是社会主义革命的根本任务之一。该决议使用"人民权力机关"的提法，强调"必须根据民主集中制的原则加强各级国家机

---

〔1〕《毛泽东文集》第六卷，人民出版社 1999 年版，第 326 页。
〔2〕《刘少奇选集》下卷，人民出版社 1985 年版，第 156—157 页。

关的建设，使各级人民代表大会及其常设机构成为有权威的人民权力机关"〔1〕。

1982 年宪法第二条第一款、第二款规定："中华人民共和国的一切权力属于人民。人民行使国家权力的机关是全国人民代表大会和地方各级人民代表大会。"全国人民代表大会是最高国家权力机关，统一行使国家最高权力。同时，该宪法将原来属于全国人大的一部分职权交由它的常委会行使，扩大全国人大常委会的职权和加强它的组织，"更好地发挥国家最高权力机关的作用"〔2〕。该宪法还规定，县级以上的地方人大设立常委会，目的是发挥地方国家权力机关的作用。这些规定，体现了我国国家体制的重要改革和新的发展，是人民代表大会制度发展的新阶段，有利于发挥人大的职能作用，充分发扬民主，不断推进改革开放和社会主义现代化建设。

（四）国家权力机关和人民代表机关

1990 年 3 月 18 日，江泽民同志在全国"两会"的党员负责同志会议上的讲话中强调，人民代表大会制度"还需要继续完善，人大工作也需要改进和加强。特别是要根据我国国情认真研究如何更好地坚持四项基本原则，坚持改革开放，加强社会主义民主法制建设，更好地发挥人大作用的问题"〔3〕。如何在党的领导下进一步完善人民代表大会制度，更好地发挥人大在国家重大事务中的作用？江泽民提出："人大及其常委会要以党的基本路

---

〔1〕《中国共产党中央委员会关于建国以来党的若干历史问题的决议》，中共中央文献研究室编：《三中全会以来重要文献选编》（下），中央文献出版社 2011 年版，第 169 页。

〔2〕 彭真：《关于中华人民共和国宪法修改草案的说明》，中共中央文献研究室编：《三中全会以来重要文献选编》（下），中央文献出版社 2011 年版，第 550 页。

〔3〕《江泽民文选》第一卷，人民出版社 2006 年版，第 112 页。

线为指导，认真履行宪法赋予的各项职责，把加强社会主义民主法制建设作为自己的中心任务。"〔1〕

江泽民同志指出："人大是国家权力机关，也是党联系人民群众的重要渠道。"〔2〕"作为人民代表机关的人大及其常委会，也应该进一步加强同人民群众的联系，使人大更好地代表人民，并接受人民监督。……人民代表大会应该成为联系群众、反映民意、解决矛盾的主要民主渠道。"〔3〕这里，提出了"两个机关"和"主要民主渠道"的论断。

江泽民同志在讲话中还专门阐述了加强人大及其常委会的自身建设。一是加强学习。"要加强马克思主义理论的学习，加强宪法和法律的学习，加强党的路线方针政策的学习，不断提高理论水平和工作能力。"二是优化结构。"在人大常委会组成人员中有一定数量实践经验丰富的老同志是必要的，但也要有相当数量年富力强的同志，还要注意吸收有一定专业知识的同志，使常委会组成人员的年龄结构和知识结构更趋合理。"三是做好服务保障。人大常委会机关和委员所在单位要积极为他们行使职权创造条件。四是完善工作制度。"要完善人大及其常委会和专门委员会的工作制度，使工作进一步程序化、制度化。"〔4〕

（五）国家权力机关、工作机关和代表机关

2004年9月15日，胡锦涛同志在首都各界纪念全国人民代表大会成立50周年大会上的讲话中指出："坚持和完善人民代表大会制度，是我们发展社会主义民主政治、建设社会主义政治文

---

〔1〕《江泽民文选》第一卷，人民出版社2006年版，第114页。
〔2〕《江泽民文选》第一卷，人民出版社2006年版，第113页。
〔3〕《江泽民文选》第一卷，人民出版社2006年版，第115页。
〔4〕《江泽民文选》第一卷，人民出版社2006年版，第116页。

明的重要内容。"接着，他从指导思想、政治方向上提出明确要求，即"我们要坚持以马克思列宁主义、毛泽东思想、邓小平理论和'三个代表'重要思想为指导，更好把坚持党的领导、人民当家作主、依法治国有机统一于社会主义民主政治建设实践，统一于社会主义现代化建设全过程，推动人民代表大会制度与时俱进，使社会主义民主更加完善，社会主义法制更加完备，依法治国基本方略得到全面落实，人民政治、经济、文化权益得到切实保障"[1] 这对"三者有机统一"作出深刻阐释和说明。

胡锦涛同志在讲话中对人大及其常委会的定性定位作出深刻阐述。他提出："充分发挥人民代表大会及其常务委员会作为国家权力机关作用，使人民代表大会及其常务委员会成为全面担负起宪法赋予的各项职责的工作机关，成为同人民群众保持密切联系的代表机关。"[2] 这是人大"三个机关"的最早论述。党的十六大确定了 21 世纪头 20 年中国发展的奋斗目标。这就是全面建设惠及十几亿人口的更高水平的小康社会，使经济更加发展、民主更加健全、科教更加进步、文化更加繁荣、社会更加和谐、人民生活更加殷实。为了保证实现全面建设小康社会的宏伟目标，必须认真贯彻落实宪法赋予人大及其常委会的各项职权。其实，这也是人大及其常委会作为国家权力机关的应有之义。由此，要进一步使之成为"工作机关""代表机关"。

胡锦涛同志在讲话中强调，要进一步加强各级人大及其常委会组织制度和工作制度建设。一是完善适合国家权力机关特点的、充满活力的组织制度和运行机制，不断促进人大及其常委会工作制度化、法制化、规范化。二是优化人大常委会组成人员结

---

〔1〕《胡锦涛文选》第二卷，人民出版社 2016 年版，第 231 页。
〔2〕《胡锦涛文选》第二卷，人民出版社 2016 年版，第 234 页。

构，完善各级人大及其常委会议事程序和工作制度，更好地坚持民主集中制原则，保证人大代表和人大常委会组成人员依法履行权利。三是各级人大代表和人大常委会组成人员都要恪尽职守，始终全心全意为人民服务，增强代表人民行使管理国家权力的政治责任感，紧密结合人大及其常委会工作的特点和要求，加强学习，增长本领，努力提高依法履行职责能力。四是各级党委要重视人大及其常委会建设，努力帮助解决在工作中遇到的实际困难和问题。[1]

以上是党的十八大以前不同时期的有关论述，为人大及其常委会依法履职、开展工作提供了重要遵循。同时，人大及其常委会按照党中央的部署要求和宪法法律规定，加强自身建设，提高履职能力和水平。

二、习近平总书记首次提出"四个机关"的重大论断

党的十八大以来，习近平总书记多次发表重要讲话，强调人大要加强政治建设，不断提高政治判断力、政治领悟力、政治执行力。特别是习近平总书记关于坚持和完善人民代表大会制度的重要思想，形成于党的十八大以来发展社会主义民主政治、践行全过程人民民主、坚持和完善人民代表大会制度的伟大实践，凝结着习近平总书记对人民代表大会制度、人大工作和社会主义民主法治建设的深刻洞察和理论思考，标志着我们党对人民代表大会制度和人大工作规律性认识的新高度和理论升华，成为习近平新时代中国特色社会主义思想的重要组成部分，为新时代坚持好

––––––––––––

[1]《胡锦涛文选》第二卷，人民出版社 2016 年版，第 237 页。

完善好运行好人民代表大会制度、加强和改进人大工作指明了正确方向、提供了根本遵循。

2014 年 9 月 5 日，习近平总书记在庆祝全国人民代表大会成立 60 周年大会上的讲话中指出："各级人大及其常委会要坚持正确政治方向，增强代表人民行使管理国家权力的政治责任感，履行宪法法律赋予的职责。"[1] 这里，明确提出"要坚持正确政治方向"，为各级人大及其常委会加强政治建设提出了要求。

2017 年 10 月 18 日，习近平总书记在党的十九大报告中首次全面系统阐述了习近平新时代中国特色社会主义思想，集中体现为"八个明确"和"十四条基本方略"。其中，"一个明确"就是党的领导，"明确中国特色社会主义最本质的特征是中国共产党领导，中国特色社会主义制度的最大优势是中国共产党领导，党是最高政治领导力量，提出新时代党的建设总要求，突出政治建设在党的建设中的重要地位"[2]。还有两条基本方略是关于党的领导的，这就是：第一条基本方略"坚持党对一切工作的领导"，第十四条基本方略"坚持全面从严治党"。强调"坚定不移全面从严治党，不断提高党的执政能力和领导水平"，新时代党的建设总要求是："坚持和加强党的全面领导，坚持党要管党、全面从严治党，以加强党的长期执政能力建设、先进性和纯洁性建设为主线，以党的政治建设为统领，以坚定理想信念宗旨为根基，以调动全党积极性、主动性、创造性为着力点，全面推进党的政治建设、思想建设、组织建设、作风建设、纪律建设，把制

---

〔1〕 习近平：《论坚持人民当家作主》，中央文献出版社 2021 年版，第 79—80 页。

〔2〕 习近平：《决胜全面建成小康社会，夺取新时代中国特色社会主义伟大胜利》，《习近平谈治国理政》第三卷，外文出版社 2020 年版，第 16 页。

度建设贯穿其中，深入推进反腐败斗争，不断提高党的建设质量，把党建设成为始终走在时代前列、人民衷心拥护、勇于自我革命、经得起各种风浪考验、朝气蓬勃的马克思主义执政党。"指出要"把党的政治建设摆在首位"。旗帜鲜明讲政治是我们党作为马克思主义政党的根本要求。党的政治建设是党的根本性建设，决定党的建设方向和效果。保证全党服从中央，坚持党中央权威和集中统一领导，是党的政治建设的首要任务。全党要坚定执行党的政治路线，严格遵守政治纪律和政治规矩，在政治立场、政治方向、政治原则、政治道路上同党中央保持高度一致。要尊崇党章，严格执行新形势下党内政治生活若干准则，增强党内政治生活的政治性、时代性、原则性、战斗性，自觉抵制商品交换原则对党内生活的侵蚀，营造风清气正的良好政治生态。完善和落实民主集中制的各项制度，坚持民主基础上的集中和集中指导下的民主相结合，既充分发扬民主，又善于集中统一。全党同志特别是高级干部要加强党性锻炼，不断提高政治觉悟和政治能力，把对党忠诚、为党分忧、为党尽职、为民造福作为根本政治担当，永葆共产党人政治本色。[1] 强调用新时代中国特色社会主义思想武装全党。要把坚定理想信念作为党的思想建设的首要任务，教育引导全党牢记党的宗旨，挺起共产党人的精神脊梁，解决好世界观、人生观、价值观这个"总开关"问题，自觉做共产主义远大理想和中国特色社会主义共同理想的坚定信仰者和忠实实践者。弘扬马克思主义学风，推进"两学一做"学习教育常态化制度化，以县处级以上领导干部为重点，在全党开展"不忘初心、牢记使命"主题教育，用党的创新理论武装头脑，

---

〔1〕　习近平：《决胜全面建成小康社会，夺取新时代中国特色社会主义伟大胜利》，《习近平谈治国理政》第三卷，外文出版社 2020 年版，第 48—49 页。

推动全党更加自觉地为实现新时代党的历史使命不懈奋斗。

习近平总书记在党的十九大报告中指出："要支持和保证人民通过人民代表大会行使国家权力。发挥人大及其常委会在立法工作中的主导作用，健全人大组织制度和工作制度，支持和保证人大依法行使立法权、监督权、决定权、任免权，更好发挥人大代表作用，使各级人大及其常委会成为全面担负起宪法法律赋予的各项职责的工作机关，成为同人民群众保持密切联系的代表机关。"[1] 这里，习近平总书记不仅阐明了国家权力机关的职权，也要求人大及其常委会成为"工作机关"和"代表机关"。这是新时代加强人大自身建设的新定位和新目标，为人大及其常委会严格依法履职，发挥职能作用指明了方向，提供了根本遵循。这个定位也是人大提升工作质量、增强工作实效的重要抓手。实践证明，人大及其常委会为决胜全面建成小康社会、夺取新时代中国特色社会主义伟大胜利、实现中华民族伟大复兴的中国梦作出了人大贡献。

2019年1月31日，中共中央发布《中共中央关于加强党的政治建设的意见》（以下简称《意见》），深入贯彻落实习近平新时代中国特色社会主义思想和党的十九大精神，对切实加强党的政治建设作出全面部署，提出明确要求。该《意见》共六个部分，包括：加强党的政治建设的总体要求、坚定政治信仰、坚持党的政治领导、提高政治能力、净化政治生态、强化组织实施。特别是明确提出："彰显国家机关政治属性。""中央和地方各级人大机关、行政机关、政协机关、监察机关、审判机关、检察机关本质上都是政治机关，旗帜鲜明讲政治是应尽之责。要始终坚持在党的领导下依法实施经济社会管理活动，坚决贯彻落实党的

---

〔1〕 习近平：《决胜全面建成小康社会，夺取新时代中国特色社会主义伟大胜利》，《习近平谈治国理政》第三卷，外文出版社2020年版，第29页。

基本理论、基本路线、基本方略，积极主动将党的领导主张和重大决策部署转化为法律法规和政策政令，转化为对经济社会管理的部署安排和工作活动，转化为领导体制、工作机制和管理方式方法创新，转化为推动经济社会发展的实际效果。国家机关履行职责、开展工作，要提高政治站位，把准政治方向，注重政治效果，考虑政治影响，坚决防止和纠正把政治与业务割裂开来、对立起来的错误认识和做法，确保政治和业务融为一体、高度统一。"[1] 该《意见》的贯彻执行，有利于坚持和加强党的全面领导，推进全面从严治党向纵深发展，不断提高党的执政能力和领导水平，确保全党统一意志、统一行动、步调一致向前进。

2019年10月31日，党的十九届四中全会通过的《中共中央关于坚持和完善中国特色社会主义制度、推进国家治理体系和治理能力现代化若干重大问题的决定》，对坚持和完善人民当家作主制度体系、发展社会主义民主政治作出部署，强调要坚持和完善人民代表大会制度这一根本政治制度，并明确提出："健全人大组织制度、选举制度和议事规则，完善论证、评估、评议、听证制度。适当增加基层人大代表数量。加强地方人大及其常委会建设。"[2]

2021年10月13日，习近平总书记在首次中央人大工作会议上发表重要讲话，全面系统阐述了关于坚持和完善人民代表大会制度的重要思想。这一重要思想是一个内涵丰富、全面深刻、科学完备的理论体系，阐明了人民代表大会制度的优势和功效、基

---

〔1〕《中共中央关于加强党的政治建设的意见》，《十九大以来重要文献选编》（上），中央文献出版社2019年版，第801页。

〔2〕 本书编写组：《〈中共中央关于坚持和完善中国特色社会主义制度、推进国家治理体系和治理能力现代化若干重大问题的决定〉辅导读本》，人民出版社2019年版，第11页。

本原则，指明了新时代坚持和完善人民代表大会制度的目标任务、工作重点，成为习近平新时代中国特色社会主义思想的重要组成部分，为新时代坚持和完善人民代表大会制度、做好人大工作指明了前进方向，提供了根本遵循。

首先，这一重要思想包括一系列新理念新思想新要求，具体来说：（1）必须坚持中国共产党领导；（2）必须坚持用制度体系保障人民当家作主；（3）必须坚持全面依法治国；（4）必须坚持民主集中制；（5）必须坚持中国特色社会主义政治发展道路；（6）必须坚持推进国家治理体系和治理能力现代化。

其次，这一重要思想还包括加强人民代表大会制度、做好人大工作重要部署，具体来说：（1）全面贯彻实施宪法，维护宪法权威和尊严；（2）加快完善中国特色社会主义法律体系，以良法促进发展、保障善治；（3）用好宪法赋予人大的监督权，实行正确监督、有效监督、依法监督；（4）充分发挥人大代表作用，做到民有所呼、我有所应；（5）强化政治机关意识，加强人大自身建设；（6）加强党对人大工作的全面领导。[1]

习近平总书记在讲话中深刻阐述了人大的性质定位。一是要"强化政治机关意识，加强人大自身建设"，各级人大及其常委会要增强"四个意识"、坚定"四个自信"、做到"两个维护"，不断提高政治判断力、政治领悟力、政治执行力，全面加强自身建设，成为自觉坚持中国共产党领导的政治机关、保证人民当家作主的国家权力机关、全面担负宪法法律赋予的各项职责的工作机

---

〔1〕 习近平：《论坚持人民当家作主》，中央文献出版社 2021 年版，第 333—335 页。

关、始终同人民群众保持密切联系的代表机关。[1] 这是首次提出"四个机关"的重大论断，进一步明确了人大及其常委会的定位和要求，完整准确地概括了人大及其常委会的本质属性和职责使命，为加强人大自身建设指明了正确方向，提供了根本遵循。二是要优化人大常委会、专门委员会组成人员结构，打造政治坚定、服务人民、尊崇法治、发扬民主、勤勉尽责的人大工作队伍。这对"人大工作队伍"要求的精神实质，不仅适用于人大常委会和专门委员会组成人员，也适用于人大机关工作人员。三是要加强纪律作风建设，既严格履行法定职责，遵守法定程序，又坚决防止形式主义、官僚主义，提高人大工作实效。

三、十二届全国人大常委会加强党的建设有关情况

十二届全国人大及其常委会任期的五年，是我们党和国家发展进程中极不平凡的五年。以习近平同志为核心的党中央团结带领全国各族人民，统筹推进"五位一体"总体布局，协调推进"四个全面"战略布局，党和国家事业取得历史性成就、发生历史性变革，中国特色社会主义进入新时代。在这五年中，十二届全国人大常委会着力推进党的建设，不断提高依法履职能力和水平。

（一）加强政治建设

始终坚持党的领导特别是党中央集中统一领导，牢固树立政治意识、大局意识、核心意识、看齐意识，坚决维护习近平总书记权威和核心地位，坚决维护以习近平同志为核心的党中央权威

---

〔1〕 习近平：《在中央人大工作会议上的讲话》，《求是》2022 年第 5 期，第 10—11 页。

和集中统一领导，把坚持党的领导、人民当家作主、依法治国三者真正打通、有机统一起来，确保人大各项工作都毫不动摇地体现党的领导。

贯彻落实党中央全面从严治党战略部署，切实加强全国人大常委会党组建设，发挥把方向、管大局、保落实作用。坚持把政治建设摆在首位，始终在政治立场、政治方向、政治原则、政治道路上同以习近平同志为核心的党中央保持高度一致。

严格执行请示报告制度，定期向党中央报告全面工作情况，主动请示人大工作中的重大问题和重要事项，不折不扣贯彻党中央决策部署。十二届全国人大任期五年间，每次召开常委会会议或者代表大会之前，全国人大常委会党组及时向党中央请示，会后及时向党中央报告；立法、监督、讨论决定重大事项等工作中的重大问题和重要事项，都及时向党中央请示报告，共向党中央请示报告 202 件次。

（二）强化思想理论武装

全国人大常委会一直高度重视学习贯彻党的全国代表大会、中央全会精神，学习贯彻党的创新理论，并用其武装头脑、指导实践、推动工作。

十二届全国人大常委会深入学习、深刻领会习近平新时代中国特色社会主义思想，强化理论武装，坚定理想信念，践行根本宗旨。按照党中央的部署要求，认真开展党的群众路线教育实践活动和"三严三实"专题教育，推进"两学一做"学习教育常态化制度化；每当中央重要会议召开、习近平总书记发表重要讲话之后，常委会党组都及时传达学习、认真贯彻落实。十二届全国人大任期五年间，举行常委会党组集体学习 58 次，举办常委会专题讲座 31 讲。

（三）加强党的组织建设

加强对常委会机关党组的领导，首次在各专门委员会设立分党组，召开党建工作座谈会，推动全面从严治党在全国人大及其常委会落实落细。

此外，还加强作风建设，有关情况后文予以叙述。[1]

四、十三届全国人大常委会加强党的建设有关情况

十三届全国人大常委会任期的五年，正逢党和国家事业蓬勃发展的伟大历史变革时期。全国人大常委会全面加强政治建设、思想建设、组织建设、作风建设、纪律建设、制度建设，形成风清气正的干事创业环境。

（一）加强政治建设

全国人大常委会加强政治建设和思想建设，重点是进一步加深对坚持党的领导、人民当家作主、依法治国有机统一的认识和把握，扎实开展"不忘初心、牢记使命"主题教育、党史学习教育，不断提高政治判断力、政治领悟力、政治执行力。

全国人大常委会深刻领悟"两个确立"的决定性意义，增强"四个意识"、坚定"四个自信"、做到"两个维护"，始终坚定维护党中央权威和集中统一领导，坚决贯彻党的理论和路线方针政策，牢牢把握人大工作正确方向，紧跟党中央重大决策部署，紧贴人民群众对美好生活的期盼，紧扣推进国家治理体系和治理能力现代化的需求，贯彻全过程人民民主重大理念，紧紧依靠全体代表，依法行使立法权、监督权、决定权、任免权，切实履行

---

〔1〕 张德江：《全国人民代表大会常务委员会工作报告》（2018 年 3 月 11 日），《十九大以来重要文献选编》（上），中央文献出版社 2019 年版，第 352—353 页。

党和人民赋予的光荣职责，努力做到不负党中央重托、不负人民期望的庄严承诺。[1]

全国人大常委会坚持党对人大工作的全面领导，按照习近平总书记关于建设"四个机关"的要求，不断提高政治能力和履职水平，努力建设让党中央放心、让人民群众满意的人大机关，始终在思想上政治上行动上同以习近平同志为核心的党中央保持高度一致。十三届全国人大任期五年间，习近平总书记作出有关重要指示批示 172 件，全国人大常委会党组向党中央请示报告 306 次，以全国人大常委会办公厅名义向中央有关部门请示报告 118 件。

（二）不断强化思想理论武装

十三届全国人大常委会始终坚持把学习贯彻习近平新时代中国特色社会主义思想作为首要政治任务，摆上第一议事日程，作为第一议题，抓紧抓实抓细，不断提高运用党的创新理论指导实践、推动工作、破解难题的能力和水平。

一是坚持把学习贯彻习近平总书记关于坚持和完善人民代表大会制度的重要思想作为必修课和基本功，连续五年召开交流会，制定实施《全国人大机关深入学习贯彻习近平总书记关于坚持和完善人民代表大会制度的重要思想的意见（2018—2022年）》。这不仅推动全国人大机关各单位而且带动地方各级人大，用这一重要思想武装头脑、指导实践、推动工作、破解难题，把学习成果转化为推进工作的强大动力和思路举措。

二是围绕学习贯彻习近平法治思想、习近平生态文明思想、习近平外交思想等主题，举办 32 次常委会专题讲座。

---

〔1〕 栗战书：《全国人民代表大会常务委员会工作报告》（2023 年 3 月 7 日），《人民日报》2023 年 3 月 17 日，第 1 版。

三是常委会会议专题学习。（1）2021 年 10 月 13 日—14 日，党中央首次召开中央人大工作会议。10 月 19 日—23 日召开的全国人大常委会第三十一次会议，第一项议程为"学习贯彻中央人大工作会议精神"。全国人大常委会将"学习贯彻中央人大工作会议精神"列为会议议题，是很有必要的、恰逢其时的。（2）2022 年 10 月 26 日，十三届全国人大常委会第三十七次会议在京举行第一次全体会议，议程是学习贯彻党的二十大精神。栗战书委员长主持会议并讲话。中共中央政治局委员、中央宣传部部长李书磊作了辅导报告。栗战书在讲话中指出，学习贯彻党的二十大精神，深刻领悟"两个确立"的决定性意义，增强"四个意识"、坚定"四个自信"、做到"两个维护"，自觉在思想上政治上行动上同以习近平同志为核心的党中央保持高度一致。李书磊在辅导报告中就党的二十大的历史地位、"两个确立"的决定性意义、新时代十年伟大变革、开辟马克思主义中国化时代化新境界、中国式现代化、推进新时代党的建设新的伟大工程、坚持团结奋斗等进行了解读和阐释。当天下午，常委会举行分组学习讨论。常委会组成人员一致表示，要深入学习贯彻党的二十大精神，把大会作出的新部署新要求落实到人大工作中。

（三）加强制度建设

加强制度建设重点是坚持民主集中制，落实议事制度、议事规则，完善人大常委会运行机制。主要包括以下几个方面。

一是严格遵守常委会会议召开的法定程序，根据会议需要邀请列席人员，合理安排分组审议和联组审议，每一次常委会会议都圆满完成了既定议程。

二是规范议案提出和审议的工作制度，明确发挥人大及其常委会在立法工作中主导作用的具体内容。

三是严格落实常委会会议听取审议专项工作报告制度，提高听取审议专项工作报告、专题询问、发言和表决等的规范化水平。

四是完善执法检查选题、组织、报告、审议、整改、反馈"全链条"工作流程。

五是推进专题询问主体、形式、内容、程序、答复的规范化、制度化，增强后续监督工作的实效性[1]。

（四）加强能力建设

常委会注重经济、政治、文化、社会、生态文明和党的建设理论与实践知识水平的全面提升。不断增强贯彻民主集中制的自觉性，保障常委会组成人员的民主权利，同时又引导他们依法行使民主权利，切实维护国家和人民的根本利益、长远利益、整体利益[2]。

五、十四届全国人大及其常委会加强党的建设有关情况

（一）始终坚持党的全面领导

2023年3月13日，赵乐际委员长在十四届全国人大一次会议上的讲话中，代表十四届全国人大及其常委会作了郑重宣示。一是将始终坚持党的全面领导，紧紧依靠人大代表和人民群众，尊崇宪法，恪尽职守，廉洁奉公，接受人民监督，为党和国家事

---

〔1〕 栗战书：《全国人民代表大会常务委员会工作报告》（2019年3月8日），《十九大以来重要文献选编》（上），中央文献出版社2019年版，第878—879页。

〔2〕 栗战书：《全国人民代表大会常务委员会工作报告》（2019年3月8日），《十九大以来重要文献选编》（上），中央文献出版社2019年版，第879页。

业竭诚奉献，绝不辜负各位代表和全国各族人民的重托。二是全面贯彻党的二十大精神，认真履行宪法法律赋予的职责，坚持党的领导、人民当家作主、依法治国有机统一，把人民代表大会制度坚持好、完善好、运行好，推动党的二十大确定的目标任务落实见效，为全面建设社会主义现代化国家贡献力量。三是全面加强人大及其常委会自身建设，努力打造政治坚定、服务人民、尊崇法治、发扬民主、勤勉尽责的人大工作队伍，切实担当起新时代新征程赋予的使命责任。[1]

（二）坚持正确政治方向

2023年3月21日—24日，赵乐际委员长在广东调研时指出，人大要深刻领悟"两个确立"的决定意义，增强"四个意识"、坚定"四个自信"、做到"两个维护"，坚持党的领导、人民当家作主、依法治国有机统一，发展和践行全过程人民民主，坚持好、完善好、运行好人民代表大会制度，不断提高人大工作质量和水平，为全面建设社会主义现代化国家开好局起好步作出人大的贡献。[2]

（三）站稳政治立场

2023年4月25日下午，赵乐际委员长同列席十四届全国人大常委会第二次会议的全国人大代表座谈交流。他强调，人大代表要深入学习贯彻习近平新时代中国特色社会主义思想，站稳政治立场，依法履职尽责，忠实代表人民的利益和意志参加行使国家权力，发挥代表作用，在强国建设、民族复兴新征程上建功立

〔1〕　赵乐际：《在第十四届全国人民代表大会第一次会议上的讲话》，《人民日报》2023年3月14日，第2版。

〔2〕　《赵乐际在广东调研时强调　深入开展调查研究　做好十四届全国人大常委会立法规划编制工作》，《人民日报》2023年3月25日，第1版。

业。他说，人大代表要把牢正确政治方向，深刻领悟"两个确立"的决定性意义，增强"四个意识"、坚定"四个自信"、做到"两个维护"，坚持党对人大工作的全面领导，坚定不移走中国特色社会主义政治发展道路。[1]

第二节　开展形式多样的履职学习

这里所说的"履职学习"，着重是指人大履职所必须具备的业务知识。

一、十一届全国人大常委会的履职学习

（一）从法制讲座到专题讲座

1998 年 6 月 15 日，九届全国人大常委会委员长会议决定，今后原则上每月举办一次法制讲座，请专家、学者向全国人大常委会委员长会议组成人员和专门委员会正副主任委员讲授宪法、法律和社会主义民主法治建设的理论。

1998 年 6 月 16 日，九届全国人大常委会举办了第一次法制讲座。这一年，全国人大常委会一共举办 6 次法制讲座，涉及我国宪法和法律的实施、依法治国、我国的人民代表大会制度的特点及其发展、立法体制、社会主义市场经济法律制度建设等多个方面。

---

〔1〕《赵乐际同全国人大常委会会议列席代表座谈时强调　站稳政治立场　依法履职尽责　充分发挥人大代表作用》，《人民日报》2023 年 4 月 26 日，第 2 版。

从此开始，全国人大常委会在每次常委会会议后都举办法制讲座，形成常委会组成人员集体学习制度。十届全国人大常委会坚持和完善这一做法，同时把名称改为专题讲座，讲座所涉领域更广泛、内容更丰富。

十一届全国人大常委会提出，在总结经验的基础上继续办好专题讲座，进一步增强讲座的针对性和实效性。专题讲座有利于常委会组成人员熟悉法律和其他各方面的知识，有助于提高常委会组成人员的履职能力，保证常委会的审议质量。

（二）举行履职学习专题讲座

2008年4月24日—25日，十一届全国人大常委会举行履职学习专题讲座，吴邦国委员长主持。全国人大常委会、专门委员会全体组成人员参加学习。

十一届全国人大常委会成立伊始，吴邦国就对常委会组成人员如何加强学习、努力提高自身素质提出明确要求。一要深入学习党的十七大精神，深刻领会邓小平理论和"三个代表"重要思想，准确把握科学发展观的科学内涵、精神实质和根本要求，把思想统一到党的十七大精神上来，不断增强坚持和完善人民代表大会制度的自觉性和坚定性，坚定不移地走中国特色社会主义道路。二要抓紧学习宪法和法律，熟悉人大工作的议事规则和议事程序，掌握人大工作的必备知识。三要广泛学习各领域、各方面知识，善于用全局的、长远的眼光分析问题、提出意见。四要密切联系改革开放和社会主义现代化建设的实际，从人大工作的特点出发，重视在实践中学习，善于向群众学习，把加强学习与提高能力结合起来，更好地推动常委会各项工作。

这次履职学习专题讲座共分三讲，由全国人大法律委员会主任委员胡康生主讲《全国人大常委会的组织、职权和议事规则》、全国人大常委会法工委副主任信春鹰主讲《立法法和全国人大常委会的立法工作》、全国人大常委会副秘书长乔晓阳主讲《监督法和全国人大常委会的监督工作》。

二、十二届全国人大常委会的履职学习

（一）建设学习型人大常委会

2013 年 4 月 22 日，张德江委员长在主持十二届全国人大常委会组成人员第一次履职学习专题讲座时指出，加强学习是一项重要而紧迫的任务，要把加强学习贯穿于人大工作的全过程，努力把全国人大常委会建设成为学习型人大常委会。[1]

十二届全国人大常委会在加强人大自身建设方面，不断迈出坚实步伐，推动人民代表大会制度不断与时俱进。

（二）举行履职学习专题讲座

2013 年 4 月 22 日，十二届全国人大常委会举行常委会组成人员第一次履职学习专题讲座。张德江委员长主持上午的讲座并讲话。张德江指出，专题讲座是全国人大常委会组成人员集体学习的重要平台。委员长会议决定，在常委会第二次会议召开前，举办履职学习专题讲座，重点学习全国人大常委会的组织制度和议事规则、中国特色社会主义法律体系以及常委会的立法工作、监督工作等，这些都是做好人大工作必备的、基本的知识。掌握和熟悉这些知识，有利于我们尽快转换角色、进入状态，更好地开展全国人大及其常委会的各项工作。张德江指出，专题学习要形成制度并长期坚持下去。要抓紧制定常委会学习规划，重点把

---

〔1〕《十二届全国人大常委会举行履职学习专题讲座　张德江强调建设学习型人大常委会》，《中国人大》2013 年第 8 期。

今年的专题讲座安排好，努力使专题讲座更具吸引力。要进一步完善组织方式、学习方式，努力营造良好学习氛围。要在总结以往经验的基础上，增强学习的针对性，努力做到学有所得、学有所用。[1]

全国人大常委会副委员长李建国主持了下午的讲座。全国人大常委会副委员长和全国人大常委会委员、全国人大各专门委员会全体组成人员参加了学习。

这次履职学习专题讲座共四讲，全国人大法律委员会主任委员乔晓阳主讲《关于中国特色社会主义法律体系的构成、特征和内容》，全国人大常委会副秘书长、香港澳门基本法委员会主任李飞主讲《全国人大常委会的组织制度和议事规则》，全国人大常委会法工委主任李适时主讲《关于全国人大常委会的立法工作》，十一届全国人大法律委员会主任委员胡康生主讲《全国人大常委会的监督工作》。

三、十三届全国人大常委会的履职学习

（一）坚持和完善各项学习制度

2018 年 4 月 24 日，栗战书委员长在十三届全国人大常委会组成人员履职学习专题讲座上的讲话中强调，要以习近平新时代中国特色社会主义思想为指导，按照习近平总书记提出的"大兴学习之风"的要求，坚持和完善各项学习制度，加强学习、增强本领，为做好新时代人大工作筑牢思想基础、提高能力水平。他说，重视学习是我们党的优良传统和推进事业发展的成功经验。

---

〔1〕《十二届全国人大常委会举行履职学习专题讲座　张德江强调建设学习型人大常委会》，《中国人大》2013 年第 8 期。

新时代坚持和发展中国特色社会主义，实现"两个一百年"奋斗目标，赋予我们党、赋予各国家机关重大历史责任，我们的学习任务不是轻了，而是更重了。加强学习是时代所需、任务所迫。习近平总书记号召"全党来一个大学习"，不仅是对全党的要求，也是对全体公职人员的要求。党中央在加强学习方面作出了榜样，全国人大常委会组成人员也要成为学习的模范。全国人大常委会向党中央看齐，就必须把学习贯穿始终，建设学习型人大常委会。他提出："本届全国人大常委会继续坚持和完善各项学习制度，常委会党组已经召开 3 次会议，每次会议的第一项内容都是传达学习习近平总书记重要讲话和党中央重要文件精神，今后将作为一项制度化安排坚持下去。"[1] 他强调，要继承和发扬专题讲座这一好做法，进一步丰富学习内容，完善组织方式，把专题讲座办得更好更有成效。

十三届全国人大任期五年，围绕做到政治可靠、尊崇法治、发扬民主、服务人民、运行高效，成为全面担负起宪法法律赋予的各项职责的工作机关、同人民群众保持密切联系的代表机关的目标，全国人大常委会全面加强自身建设。

（二）举行履职学习专题讲座

2018 年 4 月 24 日，十三届全国人大常委会举行常委会组成人员第一次履职学习专题讲座。栗战书委员长主持并讲话。他指出，要从做好新时代人大工作的需要出发，全面地、系统地、富有探索精神地学习，既要突出学习重点，又要拓展学习领域。

一是持续深入学习贯彻习近平新时代中国特色社会主义思

---

〔1〕《栗战书委员长在第十三届全国人大常委会组成人员履职学习专题讲座上的讲话》，《十三届全国人大学习培训讲稿选编》（2018—2019），中国民主法制出版社2019 年版，第 3 页。

116

想，牢固树立"四个意识"，确保党的基本理论、基本路线、基本方略和党中央决策部署在人大工作中得到全面落实。

二是带头学习宣传宪法和法律，自觉作尊崇宪法、学习宪法、遵守宪法、维护宪法、运用宪法的表率，提高运用法治思维和法治方式推动工作的能力。

三是主动广泛学习各方面知识，加快知识更新、优化知识结构、拓宽眼界和视野，全方位提升理论水平和能力素养。他强调，要坚持学习的正确方向，通过学习提高把握政治大局和政治方向的能力水平，提高政治鉴别力和敏锐性。

四是要坚持学习与思考统一，在广泛深入学习的基础上，对工作中发现的问题进行深入思考，形成更多加强和改进工作的真知灼见。要坚持学用结合，立足人大工作定位和特点，做到学以致用、用以促学、学用相长。

全国人大常委会副委员长、秘书长和全国人大常委会委员、全国人大各专门委员会组成人员参加学习。

这次专题讲座共四讲，全国人大常委会法工委主任、港澳基本法委员会主任沈春耀主讲《中国宪法制度的若干问题》，全国人大常委会副秘书长信春鹰主讲《全国人大常委会的组织制度和议事规则》，全国人大宪法和法律委员会主任委员李飞主讲《立法法与全国人大常委会的立法工作》，全国人大常委会副秘书长韩晓武主讲《监督法和全国人大常委会的监督工作》。

四、十四届全国人大常委会的履职学习

（一）人大是一个"大学校"

2023 年 4 月 26 日，赵乐际委员长在主持十四届全国人大常

委会组成人员第一次履职学习专题讲座时提出，加强学习，提高履职能力，更好担负起宪法法律赋予的职责。

2023 年 4 月 25 日下午，赵乐际委员长同列席十四届全国人大常委会第二次会议的全国人大代表座谈交流时，强调人大代表要加强学习，发挥代表作用，在强国建设、民族复兴新征程上建功立业。赵乐际指出，人大是一个"大学校"，要持之以恒加强学习，增强责任感、使命感，优化知识结构，开阔工作视野，提高履职能力和水平。[1]

（二）举行履职学习专题讲座

2023 年 4 月 26 日，十四届全国人大常委会举行常委会组成人员第一次履职学习专题讲座。赵乐际委员长主持上午的讲座并讲话。他在讲话中强调以下几点。

一是要深入学习贯彻习近平新时代中国特色社会主义思想，主动适应新时代新任务新要求，更加自觉地、持之以恒地加强学习、提高履职能力，努力成为人大工作的行家里手，更好担负起宪法法律赋予的职责。

二是要全面贯彻党的二十大精神、为推进中国式现代化提供法治保障，对常委会组成人员的学习能力、履职能力提出了新的更高要求。常委会组成人员要增强学习的责任感、紧迫感和自觉性，全面提高履职能力水平。

三是要突出学习重点，拓展学习领域，增强学习的时代性、实践性、系统性。要持续深入学习贯彻习近平新时代中国特色社会主义思想特别是习近平法治思想、习近平总书记关于坚持和完善人民代表大会制度的重要思想，切实用党的创新理论武装头

---

〔1〕《赵乐际同全国人大常委会会议列席代表座谈时强调　站稳政治立场　依法履职尽责　充分发挥人大代表作用》，《人民日报》2023 年 4 月 26 日，第 2 版。

脑、指导实践、推动工作。要认真学习宪法法律，牢固树立依法履职意识，自觉在法治轨道上推进各项工作。要广泛学习各方面知识，拓展知识领域，提升思维层次和精神境界。

四是要发扬马克思主义学风，做到学以致用、用以促学、学用相长。坚持学习的正确方向，坚定理想信念、初心使命，坚持党的全面领导特别是党中央集中统一领导，坚定人民代表大会制度自信，坚持走中国特色社会主义政治发展道路。坚持学习与思考相结合、学习与实践相结合、学习与调查研究相结合，聚焦研究和解决实际问题，贯彻党的群众路线，从人民的实践创造中汲取智慧和力量。

全国人大常委会副委员长李鸿忠主持下午的讲座。全国人大常委会各位副委员长、秘书长刘奇和全国人大常委会委员、全国人大各专门委员会组成人员参加学习。

这次专题讲座共四讲，由全国人大常委会法工委主任、港澳基本法委员会主任沈春耀讲授《我国的宪法制度和宪法实践》，常委会副秘书长刘俊臣讲授《全国人大常委会的组织制度和议事规则》，全国人大宪法和法律委员会主任委员信春鹰讲授《不断完善中国特色社会主义法律体系，以良法促进发展、保障善治》，办公厅研究室主任宋锐讲授《深入学习贯彻习近平总书记关于坚持和完善人民代表大会制度的重要思想》[1]

五、建立健全全国人大代表履职学习制度

人大工作具有很强的政治性、法律性、政策性和专业性，工

---

〔1〕　王比学：《十四届全国人大常委会举行履职学习专题讲座　赵乐际强调加强学习提高履职能力　更好担负起宪法法律赋予的职责》，《人民日报》2023 年 4 月 28 日，第 1 版。

作内容涉及方方面面，十分广泛。因此，要想成为一名履职尽责的合格的人大代表，必须不断加强学习。全国人大常委会始终以多种形式推动学习培训工作向前发展。

（一）对全国人大代表培训进入系统化、制度化

1991 年，全国人大干部培训中心在北戴河成立，全国人大代表学习培训工作进入一个新阶段，同时开展培训地方人大机关干部的工作。2000 年，全国人大干部培训中心迁至北京，职能明确为组织、协调全国人大学习培训工作，其名称逐渐确定为全国人大培训中心。

十届全国人大常委会提出，对全国人大代表要进行履职培训。2005 年 4 月，全国人大常委会办公厅在浙江举办全国人大代表培训班，内容是学习人大工作基本知识，来自各地的 78 位全国人大代表参加了这次培训。这是首次有计划、系统地开展全国人大代表培训工作。

2005 年 5 月，中共中央转发《中共全国人大常委会党组关于进一步发挥全国人大代表作用，加强全国人大常委会制度建设的若干意见》，提出要"建立全国人大代表系统培训制度"。为落实中央文件精神，按照全国人大常委会的部署，全国人大常委会办公厅在总结实践经验的基础上反复研究，并广泛征求全国人大代表和地方人大的意见，2005 年 10 月 9 日，十届全国人大常委会秘书长办公会议第三十七次会议讨论通过《关于全国人大代表学习培训工作的若干意见》（以下简称《若干意见》）。这标志着对全国人大代表的学习培训步入系统化、制度化的轨道，为开展代表培训工作提供了有力保障，发挥了重要作用。

（二）代表系统培训制度的主要内容

《若干意见》主要从代表学习培训的系统性和制度化两个方

面着手建立代表系统培训制度，特别是根据代表学习培训的基本内容，结合全国人大代表的构成、职业和换届的特点，将代表五年任期内的学习培训的基本安排，分为三个阶段：初任学习、履职学习、专题学习，并明确培训的基本内容、组织安排、实施保障等。

一是初任学习。安排在代表当选之后、每届人民代表大会一次会议之前，主要学习宪法、人民代表大会制度理论、代表的权利义务、全国人大的议事规则等，为开好大会、依法履职奠定基础。从十一届全国人大开始，在每届第一次会议举行前，按照党中央统一部署，全国人大常委会办公厅组织代表初任学习。

二是履职学习。代表任期的头两年，集中安排履职学习，侧重学习审议工作报告和法律案、审查与批准计划预算方面的知识，了解闭会期间履职活动的各种规定，掌握提出议案、建议的基本要求等，不断提高代表的依法履职能力。

三是专题学习。主要围绕党和国家中心工作、全国人大工作部署，结合代表专题调研、视察以及提出议案、建议等，组织不同领域、行业的代表进行专题学习研讨。

《若干意见》对代表学习培训的实施保障作出了具体规定，明确代表参加学习培训为代表的依法履职活动；代表参加学习培训的有关费用，从全国人大代表培训经费中列支；代表所在单位对代表参加学习培训，应按法律的有关规定予以保障；全国人大常委会办事机构，应制定代表的五年培训规划。

实践中，全国人大常委会办公厅精心组织实施对全国人大代表学习培训工作，代表学习培训取得积极成效。

（三）完善全国人大代表学习培训制度

党的十八大以来，以习近平同志为核心的党中央从关系党和国家事业兴旺发达的高度，把加强学习作为一项重大战略任务来安排和推进。习近平总书记在中央人大工作会议上的重要讲话中强调，各级人大常委会要加强代表工作能力建设，支持和保障代表更好依法履职。会后，党中央印发《关于新时代坚持和完善人民代表大会制度、加强和改进人大工作的意见》，明确提出"加强代表培训工作的系统化、规范化、专业化"。据此，对《若干意见》进行修改。2022 年 2 月 15 日，全国人大常委会党组会议审议了若干意见稿，2 月 18 日，十三届全国人大常委会第一百零九次委员长会议原则通过《关于加强和改进全国人大代表学习培训工作的若干意见》。

现行若干意见共六个方面、二十条，主要内容包括：（1）代表学习培训工作的总体要求、指导思想和原则。（2）学习培训的主要内容，突出政治学习。（3）系统培训制度，分为初任学习、履职基础学习、专题学习三个阶段。（4）学习培训的组织实施，强调"全国人大常委会加强对全国人大代表学习培训工作的领导"，完善相关制度机制。（5）学习培训网络平台建设，明确网络学习平台的定位，坚持政治引领，突出人大特色。（6）学习培训的服务保障。

（四）将加强思想政治作风建设作为人大代表的必修课

加强和改进全国人大代表学习培训工作，对于加强代表政治、思想、能力、作风建设，支持和保障代表更好依法履职，具有十分重要的意义。党的十八大以来，以习近平同志为核心的党中央高度重视充分发挥人大代表作用、加强代表思想政治作风建设，强调各级人大代表要忠实代表人民的利益和意志，依法履行代表职责，模范遵守宪法法律，自觉接受人民监督。特别是 2016 年 1 月，党中央专门就加强和改进人大代表、政协委员有关工作发出通知，对加强代表管理工作提出明确要求。

贯彻落实党中央决策部署，全国人大常委会把加强代表思想政治作风建设摆在突出位置。2016 年 3 月，十二届全国人大常委会委员长张德江在全国人大常委会工作报告中强调，要按照党中央关于加强和改进代表工作的精神，加强代表思想、作风建设，支持选举单位依法加强代表履职监督。

一是在课程设置上，遵纪守法、反腐倡廉被纳入代表学习培训内容，学习班多次邀请中央纪委负责同志作专题报告，引导代表增强廉洁自律意识，防范腐败风险。将加强思想政治作风建设作为人大代表的一门必修课，成为党的十八大以来全国人大代表培训工作的重要特点。

二是在学习培训期间，代表们严格遵守中央八项规定精神，以全国人大会议的会风会纪要求自己，参照执行《党政机关厉行节约反对浪费条例》《关于在干部教育培训中进一步加强学员管理的规定》等，树立良好学风，严格遵守各项纪律要求，集中精力学习，不相互宴请、送礼，不拉关系、办私事或变相从事商业活动，养成了风清气正的学习氛围。

加强代表思想政治作风建设，是着眼于代表工作面临的新情况新问题，不断推进全面从严治党和全面依法治国大背景下采取的一项重大举措。这对于提高代表依法履职能力和水平具有很强的针对性，更好发挥人大作用、推动人大制度和人大工作完善发展，具有重大意义。

（五）十三届、十四届全国人大代表的学习培训情况

全国人大常委会强化学习培训，提升代表依法履职的责任感、使命感和能力水平。这里，着重介绍十三届、十四届全国人大常委会开展代表培训工作的情况。

关于十三届全国人大代表学习培训情况。常委会高度重视代表学习培训工作，全国人大代表积极参与，通过线上、线下形式共举办 26 期全国人大代表学习班（其中，17 期线下学习班、9 期网络学习班），累计 16249 人次代表参加学习，呈现新亮点，取得新进展新成效。（1）坚持以习近平新时代中国特色社会主义思想为指导，强化代表学习培训政治性。（2）坚持围绕中心、服务大局，把代表学习培训工作放在党中央重大决策部署和常委会中心工作中来谋划和推进。（3）聚焦"四个精准"，实现新任基层全国人大代表履职学习全覆盖。（4）强化服务意识，及时根据代表意见建议改进学习培训工作。（5）创新学习培训平台载体，建成并运行全国人大网络学院。（6）强化代表学习培训制度建设，修改完善《关于加强和改进全国人大代表学习培训工作的若干意见》。（7）凝聚各方面力量，构建大培训工作格局。（8）人大代表呈现出良好学习风貌，积极宣讲人大代表学习故事。

关于十四届全国人大代表学习培训情况。（1）十四届全国人大代表 2977 名，新任代表比例超过 70%。常委会办公厅认真落实赵乐际委员长"抓好代表履职学习"的指示要求，研究提出加强和改进全国人大代表学习培训工作的 19 条具体措施，及时对 2023 年学习培训计划进行修改，明确举办 4 期全国人大代表学习班，以新任基层代表为主，在 2023 年实现新任基层代表履职基础学习全覆盖。（2）截至 2023 年 6 月，已成功举办两期代表学习班，549 名全国人大代表参加学习，其中 525 名新任基层代表在思想认识、理论知识和实践能力上得到一次高标准的"加油"和"充电"。培训课程内容丰富、日程紧凑，以习近平新时代中国特色社会主义思想为指导，深入学习贯彻党的二十大精神，深入学习贯彻习近平法治思想、习近平总书记关于坚持和完善人民代表大会制度的重要思想，深入学习宪法、中国特色社会主义法律体系、财政制度和预算审查制度、我国的审判制度与审判工作、我国的检察制度与检察工作、代表闭会期间活动和履职规范等专题内容；还围绕议案建议的提出、审议和办理工作进行了互动教学，邀请 24 位履职经验丰富的连任代表分享提出议案建议、开展调查研究、参加闭会期间活动的履职经验和做法，新任代表畅谈对执行代表职务的深入思考和信心决心。（3）围绕代表履职学习需求，进一步丰富全国人大网络学院学习资源，开设学习贯彻中央人大工作会议精神、学习贯彻党的二十大精神、深入学习贯彻《习近平谈治国理政》第四卷、2023 年全国"两会"精神解读、学习贯彻习近平新时代中国特色社会主义思想主题教育等专题课程，跟进更新相关优秀课程资源，并即将上线《习近平著作选读》第一卷、第二卷等电子资源，为代表学习提供便利。

六、组织开展地方人大常委会负责同志集中学习

（一）探索并加强对地方人大常委会负责同志的培训

全国人大常委会积极探索并不断加强对地方人大常委会负责同志的培训。十届全国人大期间开始推进这项工作，共培训西部地区地方人大常委会负责同志 1600 余人次。十一届全国人大常委会把对地方人大常委会负责同志的培训范围扩展到全国，5 年内共有近 2000 名地方人大常委会负责同志参加学习，包括省市两级人大常委会、直辖市及民族地区的区县人大常委会的负责同志，取得良好效果。

从 2011 年开始，全国换届选举工作陆续展开。至 2013 年 2

月，各地人大换届选举工作全部结束。据统计，在新一届地方各级人大常委会负责同志当中，大约有三分之二的同志是新当选的。为了帮助新一届地方各级人大常委会负责同志尽快适应新的岗位，熟悉人大工作的相关法律和程序，2012年4月至2013年10月，全国人大常委会办公厅先后举办了7期学习班，完成了对23个省（直辖市）的地市级以上人大常委会负责同志，以及5个自治区和少数民族较多的3个省（贵州、云南、青海）新一届地方三级（省、市、县）人大常委会负责同志的集中培训，近1400人参加了学习。

全国人大常委会领导同志对办好地方人大学习班高度重视。张德江委员长、李建国副委员长对学习培训工作作出重要指示，王晨副委员长兼秘书长出席学习班开班式并讲话，王万宾等常委会副秘书长以及有关专门委员会、工作委员会领导同志出席开班式并作辅导报告。举办学习班时，各省、自治区、直辖市人大常委会的一位负责同志亲自带队，地方人大的同志集中精力投入学习，积极讨论和交流，展现了良好的学习风貌。

（二）首次实现对全国县级人大常委会负责同志集中培训全覆盖

县级人大是基层国家权力机关，处在民主法治建设的第一线。为贯彻习近平总书记关于坚持和完善人民代表大会制度的重要思想、推进县级人大工作完善发展，十二届全国人大期间，首次实现了对全国2850多个县（市、区）人大常委会负责同志的集中学习培训全覆盖。紧扣"提高县级人大工作水平、推动人民代表大会制度和人大工作与时俱进"这一重要任务，培训内容主要包括中央精神和业务知识两大块。在深入学习贯彻中央精神的基础上，每期学习班都会安排若干个辅导报告，基本涵盖了人大工作必备的基础知识。同时，学习班还安排分组讨论、大会交流及现场教学，进一步拓展学习内容，夯实成效。

专门举办县级人大常委会负责同志学习班，是十二届全国人大常委会的一个创新做法。2014 年 4 月至 2015 年 7 月，全国人大常委会办公厅先后在北京举办了 7 期县级人大常委会负责同志学习班，2100 多个县（市、区）的人大常委会主任或主持工作的副主任参加了学习。此前两年，已举办 6 期地方人大常委会负责同志学习班，直辖市和民族地区 750 多个县（市、区）的人大常委会负责同志参加了学习，首次实现了对全国 2850 多个县（市、区）人大常委会负责同志集中培训全覆盖。大家纷纷表示，通过参加培训，自己更深入地学习领会了中央精神，坚定正确的政治方向，增强了做好新时期人大工作的责任感和使命感，更好更准确把握人大工作的各项制度，提高了履职能力和水平。

（三）首次举办西藏自治区人大工作学习班

2013 年 7 月开始，全国人大机关按照中央的统一部署，认真开展党的群众路线教育实践活动。全国人大常委会办公厅把举办地方人大常委会负责同志学习班作为贯彻群众路线，为地方人大服务、为基层服务的重要举措。在举办学习班过程中，专门就如何在人大工作中切实贯彻群众路线和进一步提高学习培训工作的质量和水平，广泛征求了地方人大同志们的意见和建议。同年 10 月，西藏人大工作学习班在深圳举办。这是全国人大首次组织西藏人大各专门委员会、常委会各工作委员会的负责同志进行集中学习。

参加学习的西藏人大同志们表示，学习班安排的辅导报告既涵盖了人大工作的主要内容，同时针对民族自治地区的实际情况有所侧重；不仅包括理论知识和法律知识，而且注重对实际工作方式和方法的介绍，针对性和实效性都比较强。通过参观考察，大家亲身感受了深圳改革开放取得的巨大成就，进一步坚定了走中国特色社会主义道路的信心。组织地方人大的专门委员会、常委会工作委员会的负责同志进行集中学习，是一项全新的工作。全国人大常委会办公厅将举办西藏人大工作学习班，作为开展党的群众路线教育实践活动边整边改的重点工作和重要的政治任务，精心组织，周密安排，并希望以此为开端，不断改进工作作风，切实发挥学习培训对于加强全国人大与地方人大联系，支持和指导地方人大工作的作用。

贯彻落实中央八项规定及其实施细则精神，为地方人大开展培训工作作出表率。学习班按照中央八项规定及其实施细则精神的要求，举办地都是全国人大的培训基地，严格执行关于住宿、餐饮、交通标准的财务规定，坚持集体自助餐，不组织宴请活动。切实做到简化会场布置，不组织与学习内容无关的参观考察活动。组织必要的参观考察活动时，不影响正常交通，不清场闭馆。在会场服务和后勤保障等方面，厉行勤俭节约，反对铺张浪费。地方人大同志认为，学习班简朴务实，为地方人大开展培训工作作出了表率。他们表示要把学习班好的做法和经验带到地方，回去后把基层人大的学习培训工作组织好，为新时期的人大工作作出应有的贡献。

第三节　加强纪律和作风建设

2021 年 10 月，习近平总书记在中央人大工作会议上的重要讲话中强调：“要加强纪律作风建设，既严格履行法定职责，遵守法定程序，又坚决防止形式主义、官僚主义，提高人大工作实效。”[1] 这里，着重介绍党的十八大以来的有关情况。

一、十二届全国人大常委会坚持不懈改作风转作风

这主要有以下几个方面的内容。

一是坚持不懈改作风转作风。制定并严格执行常委会党组坚持党的群众路线、加强作风建设的意见和委员长会议组成人员落实中央八项规定办法，坚决反对和纠正“四风”。

二是始终把调查研究作为做好人大工作的基本功，深入基层、深入实际，掌握实情、找准问题，真正了解人民群众所思所盼，使立法、监督等各项工作接地气、聚民意、求实效。

三是贯彻落实习近平总书记重要指示精神，连续4年提出并落实改进全国人民代表大会会风的具体措施。

四是建立常委会组成人员、专门委员会组成人员出席常委会会议情况通报制度。

二、十三届全国人大常委会加强作风建设的有关情况

一是加强作风建设，全面执行中央八项规定及其实施细则精神。特别是贯彻落实习近平总书记关于开好全国“两会”的重要指示要求，认真做好十三届全国人大三次、四次、五次会议的组织筹备工作，创新并延续精简高效办会的好做法，在压缩会期、

---

[1] 习近平：《在中央人大工作会议上的讲话》，《求是》2022年第5期，第11页。

精简人员的前提下，确保会议井然有序、"减量不减质"，疫情防控万无一失，会风持续改进。

二是把调查研究作为履职基本功，常委会、专门委员会开展260多次调查研究，推动人大工作更好体现实践发展和人民要求。

三是认真对待人民来信来访，提高信访工作的规范化、制度化水平。

四是下大力气改进会风，严肃会议纪律，严格请假制度，常委会会议出席率保持在98%以上。

三、十四届全国人大常委会加强作风建设的有关情况

十四届全国人大常委会履职之后，赵乐际委员长等常委会领导同志强调要加强作风建设。

一是开展调查研究。2023年4月26日，赵乐际在主持全国人大常委会第二次会议闭幕会时指出，党中央决定在全党大兴调查研究，作为开展学习贯彻习近平新时代中国特色社会主义思想主题教育的重要内容。对人大及其常委会而言，调查研究既是贯彻落实党中央部署要求，也是履行法定职责。人大开展调查研究、坚持问计于民，就是依法履行职责，就是落实国家一切权力属于人民的宪法原则，确保党和国家在决策、执行、监督落实各个环节都能听到来自人民的声音，更好体现和保证人民当家作主。他强调，全国人大及其常委会要把调查研究摆在更加重要的位置，在做深做实上下功夫。要坚持以习近平新时代中国特色社会主义思想引领调查研究，把握好这一重要思想的世界观和方法论，坚持好、运用好贯穿其中的立场观点方法，把"六个必须坚持"的科学方法贯彻体现到调查研究中。要围绕贯彻落实党的二

十大精神、聚焦常委会重点工作开展调查研究，立足人大职责定位，把调查研究同贯彻新发展理念、构建新发展格局、推动高质量发展结合起来，同高质量做好人大立法、监督等工作结合起来。要提高调查研究的科学性实效性，组织好代表视察调研和常委会执法检查、专题调研等活动，抓好日常工作调研，把情况摸清、把问题找准、把对策找实，注重从法律、制度层面提出建设性意见，强化调研成果转化运用。要改进工作作风，深入基层一线，向群众学习，向实践学习，回应人民群众的呼声期盼，在人大形成注重调研、贴近群众、求真务实、真抓实干的良好风尚。[1]

二是修订完善全国人大常委会组成人员守则，对常委会组成人员政治、思想、能力、作风等方面提出新的要求，强调要严格遵守守则，坚持党对人大工作的全面领导，依法履行职责，做到政治坚定、服务人民、尊崇法治、发扬民主、勤勉尽责。

四、全国人大机关建设

习近平总书记在中央人大工作会议上提出的"四个机关"的要求，为各级人大机关的自身建设指明了正确方向，是新时代加强各级人大机关建设的新定位、新目标、新抓手。

全国人大机关作为人大及其常委会的集体参谋助手和服务班子，担负着为人大及其常委会依法行使职权提供服务和保障的重要职责。人大及其常委会依法履职的每一个环节，都离不开机关

---

[1]《赵乐际主持十四届全国人大常委会第二次会议闭幕会并作讲话强调　开展调查研究坚持问计于民　更好体现和保证人民当家作主》，《人民日报》2023年4月27日，第3版。

的服务和保障。人大及其常委会履职的基本方式就是召开会议，各类会议的筹备和会务工作，由人大机关负责。每年常委会工作要点和立法、监督等工作计划，都由人大机关拟订；属于人大有关方面牵头起草的法律法规，具体组织起草工作由人大机关负责；党中央对完善人民代表大会制度和改进人大工作提出的要求和举措，需要由人大机关去落实，等等。所有这些都要求参谋服务保障工作做细做实做到位。

（一）牢牢把握人大机关是政治机关的定位

人大机关自身建设的核心是党的政治建设。新时代加强和改进人大机关自身建设的目标、基本原则如下。

一是必须在思想上、政治上、行动上更加自觉做到旗帜鲜明用习近平新时代中国特色社会主义思想统揽人大工作。

二是旗帜鲜明坚持党对人大工作的全面领导。

三是旗帜鲜明走中国特色社会主义政治发展道路。

四是旗帜鲜明以习近平法治思想为指导，在全面依法治国中发挥重要作用。

五是旗帜鲜明围绕党和国家工作大局谋划和开展工作。

六是旗帜鲜明坚持以人民为中心，发挥代表作用。

（二）持续强化理论武装

一是坚持把学习贯彻习近平新时代中国特色社会主义思想作为首要政治任务，把学习贯彻习近平法治思想和习近平总书记关于坚持和完善人民代表大会制度的重要思想作为必修课和基本功，扎实开展党史学习教育，完善机关党组理论中心组集体学习、机关工作人员日常学习等制度。

二是组织开展好党的主题教育活动。

三是努力学习党的路线方针政策和国家法律法规，学习各方面知识，不断增加知识储备，加快知识更新，优化知识结构。

四是在机关广泛开展各种学习、教育、培训、交流活动，把学习的氛围搞得浓浓的，结合人大机关工作的规律和特点，着眼需要、结合工作、针对问题、坚持经常、重在应用。总之，持之以恒抓学习，不断充实学习内容，丰富学习形式，增强学习针对性和实效性，全面增强工作本领。

（三）加强机关作风建设、纪律建设

一是从严从实转作风。大力倡导实事求是、求真务实的作风，多到基层和一线去、到代表和群众中去，调查研究、了解实情，使人大机关的决策和工作更有针对性。大力倡导马上就办、日清日结的工作作风，保持适度的紧张感，让"马上就办"成为工作常态，让"日清日结"成为工作习惯。大力倡导真抓实干、敢于担当的作风，出实招、求实效。大力倡导认真负责、严谨细致的作风，对工作极端认真、极端负责，不能凡事"差不多"。

二是带头守规矩，增强规矩意识，按制度办事、按程序办事。严密的制度设计、严格的制度落实，是工作科学化、规范化的重要前提。面对新时代新任务新要求，要继承和发挥人大机关注重按制度按规范办会、办事、办文的好传统好作风，继续坚持好已有的行之有效的规章制度。

三是毫不含糊抓廉政，严格用权履职，大力营造风清气正的良好氛围。加强廉政建设，落实党风廉政建设的主体责任。通过思想教育、制度规范、监督约束，坚决把主体责任扛稳、抓牢、做实，坚持原则、敢抓敢管，切实抓好机关干部队伍建设，积极营造人大机关守纪律、讲规矩的良好氛围和风清气正的政治生态。

五、全国人大机关全面加强党的建设

贯彻落实党中央决策部署，全面加强机关党的建设，特别是自觉接受中央专项巡视监督。下面，着重介绍中共全国人大常委会机关党组接受中央专项巡视及整改落实情况。

（一）首次接受中央专项巡视并认真整改的情况

根据党中央统一部署，2016 年 7 月 4 日—9 月 3 日，中央第七巡视组对全国人大常委会机关党组进行了巡视。这是全国人大常委会机关党组首次接受中央专项巡视。2016 年 10 月 14 日，中央巡视组向全国人大常委会机关党组反馈了巡视意见。

2016 年 12 月 29 日，中共全国人大常委会机关党组向中央报告了巡视整改情况。这分为三个部分：1. 坚决贯彻落实以习近平同志为核心的党中央决策部署，把巡视整改作为重大政治任务抓紧抓实抓好。其中包括：（1）提高政治站位，自觉把思想和行动统一到习近平总书记重要讲话精神和党中央决策部署上来；（2）强化政治担当，切实担负起巡视整改主体责任；（3）坚持问题导向，明确整改任务、措施和责任；（4）狠抓整改落实，确保巡视整改取得实实在在的效果。2. 认真落实巡视整改要求，全力以赴完成整改任务。经过机关党组和全机关共同努力，巡视整改工作取得明显成效。其中包括：（1）切实解决贯彻落实党中央决策部署的一些措施不够有力、机关党建存在工作虚化的问题；（2）切实解决管党治党不严、违纪违规问题时有发生的问题；（3）切实解决违反中央八项规定精神问题仍然比较突出、"四风"问题禁而不绝的问题；（4）切实解决选人用人方面反映较多、干部管理监督不够严格的问题。3. 以巡视整改为契机，全面提升全国人大机关党的建设水平和履职尽责能力。包括：（1）坚定坚持党的领导，认真履行政治领导责任；（2）切实担负起全面从严治党主体责任；（3）始终坚持把纪律和规矩挺在前面；（4）严肃党内政治生活；（5）巩固和深化巡视整改成果。[1]

全国人大常委会机关党组自觉接受中央专项巡视监督，全面加强党的建设，持之以恒正风肃纪，努力建设高素质专业化干部队伍，充分发挥了参谋服务保障作用。

（二）第二次接受中央专项巡视并认真整改的情况

按照中央统一部署，2020 年 10 月 12 日—12 月 20 日，中央第十三巡视组对全国人大常委会机关党组开展常规巡视。2021 年 2 月 5 日，中央巡视组向全国人大常委会机关党组反馈了巡视意见。

2021 年 10 月 24 日，中共全国人大常委会机关党组向中央报告了巡视整改进展情况。这分为三个部分：1. 强化政治意识和责任担当，把巡视整改作为重大政治任务抓紧抓实。其中包括：（1）提高政治站位，增强思想自觉和行动自觉；（2）加强组织领导，层层压实整改责任；（3）建立工作台账，明确细化整改措施；（4）狠抓整改落实，务求取得成效。2. 认真落实巡视整改要求，高标准高质量完成整改任务。其中包括：（1）关于贯彻落实党的路线方针政策以及党中央重大决策部署、履行职能责任方面的整改情况；（2）关于落实全面从严治党"两个责任"方面的整改情况；（3）关于贯彻新时代党的组织路线、党建工作方面的整改情况；（4）关于中央巡视、审计发现问题和主题教育检视问题的整改情况。3. 以永远在路上的坚定和执着深化巡视整改，

---

[1]《中共全国人大常委会机关党组关于巡视整改情况的通报》，中央纪委国家监委网站，https://www.ccdi.gov.cn/yaowen/201612/t20161228_145086.html。

不断提升机关党的建设质量和服务保障工作水平。其中包括：（1）加强政治机关建设，不断提高政治判断力、政治领悟力、政治执行力；（2）持之以恒强化理论武装，以党的创新理论统领和推进机关工作和建设；（3）全面履行职能责任，不断提高服务保障工作水平；（4）压紧压实主体责任，推动机关全面从严治党向纵深发展；（5）巩固和深化整改成果，持续做好巡视"后半篇文章"。[1]

---

〔1〕《中共全国人大常委会机关党组关于十九届中央第六轮巡视整改进展情况的通报》，中央纪委国家监委网站，https：//www.ccdi.gov.cn/yaowen/202110/t20211023_252747.html。

/ 第四章 /

全国人大及其常委会自身建设制度

中华人民共和国
全国人民代表大会组织法

(1982 年 12 月 10 日第五届全国人民代表大会第五次会议通过 1982 年 12 月 10 日全国人民代表大会公告公布施行 根据 2021 年 3 月 11 日第十三届全国人民代表大会第四次会议《关于修改〈中华人民共和国全国人民代表大会组织法〉的决定》修正)

目 录

第一章 总 则

第一条 为了健全全国人民代表大会及其常务委员会的组织和工作制度,保障和规范其行使职权,坚持和完善人民代表大会制度，保证人民当家作主，根据宪法，制定本法。

第二条　全国人民代表大会是最高国家权力机关，其常设机关是全国人民代表大会常务委员会。

第三条　全国人民代表大会及其常务委员会坚持中国共产党的领导，坚持以马克思列宁主义、毛泽东思想、邓小平理论、"三个代表"重要思想、科学发展观、习近平新时代中国特色社会主义思想为指导，依照宪法和法律规定行使职权。

第四条　全国人民代表大会由民主选举产生，对人民负责，受人民监督。

全国人民代表大会及其常务委员会坚持全过程民主，始终同人民保持密切联系，倾听人民的意见和建议，体现人民意志，保障人民权益。

第五条　全国人民代表大会及其常务委员会行使国家立法权，决定重大事项，监督宪法和法律的实施，维护社会主义法制的统一、尊严、权威，建设社会主义法治国家。

第六条　全国人民代表大会及其常务委员会实行民主集中制原则，充分发扬民主，集体行使职权。

第七条　全国人民代表大会及其常务委员会积极开展对外交往，加强同各国议会、国际和地区议会组织的交流与合作。

第二章　全国人民代表大会会议

第八条　全国人民代表大会每届任期五年。

全国人民代表大会会议每年举行一次，由全国人民代表大会常务委员会召集。全国人民代表大会常务委员会认为必要，或者有五分之一以上的全国人民代表大会代表提议，可以临时召集全国人民代表大会会议。

第九条　全国人民代表大会代表选出后，由全国人民代表大会常务委员会代表资格审查委员会进行审查。

全国人民代表大会常务委员会根据代表资格审查委员会提出的报告，确认代表的资格或者确定个别代表的当选无效，在每届全国人民代表大会第一次会议前公布代表名单。

对补选的全国人民代表大会代表，依照前款规定进行代表资格审查。

第十条　全国人民代表大会代表按照选举单位组成代表团。各代表团分别推选代表团团长、副团长。

代表团在每次全国人民代表大会会议举行前，讨论全国人民代表大会常务委员会提出的关于会议的准备事项；在会议期间，对全国人民代表大会的各项议案进行审议，并可以由代表团团长或者由代表团推派的代表，在主席团会议上或者大会全体会议上，代表代表团对审议的议案发表意见。

第十一条　全国人民代表大会每次会议举行预备会议，选举本次会议的主席团和秘书长，通过本次会议的议程和其他准备事项的决定。

主席团和秘书长的名单草案，由全国人民代表大会常务委员会委员长会议提出，经常务委员会会议审议通过后，提交预备会议。

第十二条　主席团主持全国人民代表大会会议。

主席团推选常务主席若干人，召集并主持主席团会议。

主席团推选主席团成员若干人分别担任每次大会全体会议的执行主席，并指定其中一人担任全体会议主持人。

第十三条　全国人民代表大会会议设立秘书处。秘书处由秘书长和副秘书长若干人组成。副秘书长的人选由主席团决定。

秘书处在秘书长领导下，办理主席团交付的事项，处理会议日常事务工作。副秘书长协助秘书长工作。

第十四条 主席团处理下列事项：

（一）根据会议议程决定会议日程；

（二）决定会议期间代表提出议案的截止时间；

（三）听取和审议关于议案处理意见的报告，决定会议期间提出的议案是否列入会议议程；

（四）听取和审议秘书处和有关专门委员会关于各项议案和报告审议、审查情况的报告，决定是否将议案和决定草案、决议草案提请会议表决；

（五）听取主席团常务主席关于国家机构组成人员人选名单的说明，提名由会议选举的国家机构组成人员的人选，依照法定程序确定正式候选人名单；

（六）提出会议选举和决定任命的办法草案；

（七）组织由会议选举或者决定任命的国家机构组成人员的宪法宣誓；

（八）其他应当由主席团处理的事项。

第十五条 主席团常务主席就拟提请主席团审议事项，听取秘书处和有关专门委员会的报告，向主席团提出建议。

主席团常务主席可以对会议日程作必要的调整。

第十六条 全国人民代表大会主席团，全国人民代表大会常务委员会，全国人民代表大会各专门委员会，国务院，中央军事委员会，国家监察委员会，最高人民法院，最高人民检察院，可以向全国人民代表大会提出属于全国人民代表大会职权范围内的议案。

第十七条　一个代表团或者三十名以上的代表联名，可以向全国人民代表大会提出属于全国人民代表大会职权范围内的议案。

第十八条　全国人民代表大会常务委员会委员长、副委员长、秘书长、委员的人选，中华人民共和国主席、副主席的人选，中央军事委员会主席的人选，国家监察委员会主任的人选，最高人民法院院长和最高人民检察院检察长的人选，由主席团提名，经各代表团酝酿协商后，再由主席团根据多数代表的意见确定正式候选人名单。

第十九条　国务院总理和国务院其他组成人员的人选、中央军事委员会除主席以外的其他组成人员的人选，依照宪法的有关规定提名。

第二十条　全国人民代表大会主席团、三个以上的代表团或者十分之一以上的代表，可以提出对全国人民代表大会常务委员会的组成人员，中华人民共和国主席、副主席，国务院和中央军事委员会的组成人员，国家监察委员会主任，最高人民法院院长和最高人民检察院检察长的罢免案，由主席团提请大会审议。

第二十一条　全国人民代表大会会议期间，一个代表团或者三十名以上的代表联名，可以书面提出对国务院以及国务院各部门、国家监察委员会、最高人民法院、最高人民检察院的质询案。

第三章　全国人民代表大会常务委员会

第二十二条　全国人民代表大会常务委员会对全国人民代表大会负责并报告工作。

全国人民代表大会常务委员会每届任期同全国人民代表大会每届任期相同，行使职权到下届全国人民代表大会选出新的常务委员会为止。

第二十三条 全国人民代表大会常务委员会由下列人员组成：

委员长，

副委员长若干人，

秘书长，

委员若干人。

常务委员会的组成人员由全国人民代表大会从代表中选出。

常务委员会的组成人员不得担任国家行政机关、监察机关、审判机关和检察机关的职务；如果担任上述职务，应当向常务委员会辞去常务委员会的职务。

第二十四条 常务委员会委员长主持常务委员会会议和常务委员会的工作。副委员长、秘书长协助委员长工作。副委员长受委员长的委托，可以代行委员长的部分职权。

委员长因为健康情况不能工作或者缺位的时候，由常务委员会在副委员长中推选一人代理委员长的职务，直到委员长恢复健康或者全国人民代表大会选出新的委员长为止。

第二十五条 常务委员会的委员长、副委员长、秘书长组成委员长会议，处理常务委员会的重要日常工作：

（一）决定常务委员会每次会议的会期，拟订会议议程草案，必要时提出调整会议议程的建议；

（二）对向常务委员会提出的议案和质询案，决定交由有关的专门委员会审议或者提请常务委员会全体会议审议；

（三）决定是否将议案和决定草案、决议草案提请常务委员会全体会议表决，对暂不交付表决的，提出下一步处理意见；

（四）通过常务委员会年度工作要点、立法工作计划、监督工作计划、代表工作计划、专项工作规划和工作规范性文件等；

（五）指导和协调各专门委员会的日常工作；

（六）处理常务委员会其他重要日常工作。

第二十六条　常务委员会设立代表资格审查委员会。

代表资格审查委员会的主任委员、副主任委员和委员的人选，由委员长会议在常务委员会组成人员中提名，常务委员会任免。

第二十七条　常务委员会设立办公厅，在秘书长领导下工作。

常务委员会设副秘书长若干人，由委员长提请常务委员会任免。

第二十八条　常务委员会设立法制工作委员会、预算工作委员会和其他需要设立的工作委员会。

工作委员会的主任、副主任和委员由委员长提请常务委员会任免。

香港特别行政区基本法委员会、澳门特别行政区基本法委员会的设立、职责和组成人员任免，依照有关法律和全国人民代表大会有关决定的规定。

第二十九条　委员长会议，全国人民代表大会各专门委员会，国务院，中央军事委员会，国家监察委员会，最高人民法院，最高人民检察院，常务委员会组成人员十人以上联名，可以向常务委员会提出属于常务委员会职权范围内的议案。

第三十条　常务委员会会议期间，常务委员会组成人员十人以上联名，可以向常务委员会书面提出对国务院以及国务院各部门、国家监察委员会、最高人民法院、最高人民检察院的质询案。

第三十一条　常务委员会在全国人民代表大会闭会期间，根据国务院总理的提名，可以决定国务院其他组成人员的任免；根据中央军事委员会主席的提名，可以决定中央军事委员会其他组成人员的任免。

第三十二条　常务委员会在全国人民代表大会闭会期间，根据委员长会议、国务院总理的提请，可以决定撤销国务院其他个别组成人员的职务；根据中央军事委员会主席的提请，可以决定撤销中央军事委员会其他个别组成人员的职务。

第三十三条　常务委员会在全国人民代表大会每次会议举行的时候，必须向全国人民代表大会提出工作报告。

第四章　全国人民代表大会各委员会

第三十四条　全国人民代表大会设立民族委员会、宪法和法律委员会、监察和司法委员会、财政经济委员会、教育科学文化卫生委员会、外事委员会、华侨委员会、环境与资源保护委员会、农业与农村委员会、社会建设委员会和全国人民代表大会认为需要设立的其他专门委员会。各专门委员会受全国人民代表大会领导；在全国人民代表大会闭会期间，受全国人民代表大会常务委员会领导。

各专门委员会由主任委员、副主任委员若干人和委员若干人组成。

各专门委员会的主任委员、副主任委员和委员的人选由主席团在代表中提名，全国人民代表大会会议表决通过。在大会闭会期间，全国人民代表大会常务委员会可以任免专门委员会的副主任委员和委员，由委员长会议提名，常务委员会会议表决通过。

第三十五条　各专门委员会每届任期同全国人民代表大会每届任期相同，履行职责到下届全国人民代表大会产生新的专门委员会为止。

第三十六条　各专门委员会主任委员主持委员会会议和委员会的工作。副主任委员协助主任委员工作。

各专门委员会可以根据工作需要，任命专家若干人为顾问；顾问可以列席专门委员会会议，发表意见。

顾问由全国人民代表大会常务委员会任免。

第三十七条　各专门委员会的工作如下：

（一）审议全国人民代表大会主席团或者全国人民代表大会常务委员会交付的议案；

（二）向全国人民代表大会主席团或者全国人民代表大会常务委员会提出属于全国人民代表大会或者全国人民代表大会常务委员会职权范围内同本委员会有关的议案，组织起草法律草案和其他议案草案；

（三）承担全国人民代表大会常务委员会听取和审议专项工作报告有关具体工作；

（四）承担全国人民代表大会常务委员会执法检查的具体组织实施工作；

（五）承担全国人民代表大会常务委员会专题询问有关具体工作；

（六）按照全国人民代表大会常务委员会工作安排，听取国务院有关部门和国家监察委员会、最高人民法院、最高人民检察院的专题汇报，提出建议；

（七）对属于全国人民代表大会或者全国人民代表大会常务委员会职权范围内同本委员会有关的问题，进行调查研究，提出建议；

（八）审议全国人民代表大会常务委员会交付的被认为同宪法、法律相抵触的国务院的行政法规、决定和命令，国务院各部门的命令、指示和规章，国家监察委员会的监察法规，省、自治区、直辖市和设区的市、自治州的人民代表大会及其常务委员会的地方性法规和决定、决议，省、自治区、直辖市和设区的市、自治州的人民政府的决定、命令和规章，民族自治地方的自治条例和单行条例，经济特区法规，以及最高人民法院、最高人民检察院具体应用法律问题的解释，提出意见；

（九）审议全国人民代表大会主席团或者全国人民代表大会常务委员会交付的质询案，听取受质询机关对质询案的答复，必要的时候向全国人民代表大会主席团或者全国人民代表大会常务委员会提出报告；

（十）研究办理代表建议、批评和意见，负责有关建议、批评和意见的督促办理工作；

（十一）按照全国人民代表大会常务委员会的安排开展对外交往；

（十二）全国人民代表大会及其常务委员会交办的其他工作。

第三十八条　民族委员会可以对加强民族团结问题进行调查研究，提出建议；审议自治区报请全国人民代表大会常务委员会批准的自治区的自治条例和单行条例，向全国人民代表大会常务委员会提出报告。

第三十九条　宪法和法律委员会承担推动宪法实施、开展宪法解释、推进合宪性审查、加强宪法监督、配合宪法宣传等工作职责。

宪法和法律委员会统一审议向全国人民代表大会或者全国人民代表大会常务委员会提出的法律草案和有关法律问题的决定草案；其他专门委员会就有关草案向宪法和法律委员会提出意见。

第四十条　财政经济委员会对国务院提出的国民经济和社会发展计划草案、规划纲要草案、中央和地方预算草案、中央决算草案以及相关报告和调整方案进行审查，提出初步审查意见、审查结果报告；其他专门委员会可以就有关草案和报告向财政经济委员会提出意见。

第四十一条　全国人民代表大会或者全国人民代表大会常务委员会可以组织对于特定问题的调查委员会。调查委员会的组织和工作，由全国人民代表大会或者全国人民代表大会常务委员会决定。

第五章　全国人民代表大会代表

第四十二条　全国人民代表大会代表每届任期五年，从每届全国人民代表大会举行第一次会议开始，到下届全国人民代表大会举行第一次会议为止。

第四十三条　全国人民代表大会代表必须模范地遵守宪法和法律，保守国家秘密，并且在自己参加的生产、工作和社会活动中，协助宪法和法律的实施。

第四十四条　全国人民代表大会代表应当同原选举单位和人民保持密切联系，可以列席原选举单位的人民代表大会会议，通过多种方式听取和反映人民的意见和要求，努力为人民服务，充分发挥在全过程民主中的作用。

第四十五条　全国人民代表大会常务委员会和各专门委员会、工作委员会应当同代表保持密切联系，听取代表的意见和建议，支持和保障代表依法履职，扩大代表对各项工作的参与，充分发挥代表作用。

全国人民代表大会常务委员会建立健全常务委员会组成人员和各专门委员会、工作委员会联系代表的工作机制。

全国人民代表大会常务委员会办事机构和工作机构为代表履行职责提供服务保障。

第四十六条　全国人民代表大会代表向全国人民代表大会或者全国人民代表大会常务委员会提出的对各方面工作的建议、批评和意见，由全国人民代表大会常务委员会办事机构交由有关机关、组织研究办理并负责答复。

对全国人民代表大会代表提出的建议、批评和意见，有关机关、组织应当与代表联系沟通，充分听取意见，介绍有关情况，认真研究办理，及时予以答复。

全国人民代表大会有关专门委员会和常务委员会办事机构应当加强对办理工作的督促检查。常务委员会办事机构每年向常务委员会报告代表建议、批评和意见的办理情况，并予以公开。

第四十七条　全国人民代表大会代表在出席全国人民代表大会会议和执行其他属于代表的职务的时候，国家根据实际需要给予适当的补贴和物质上的便利。

第四十八条　全国人民代表大会代表、全国人民代表大会常务委员会的组成人员，在全国人民代表大会和全国人民代表大会常务委员会各种会议上的发言和表决，不受法律追究。

第四十九条 全国人民代表大会代表非经全国人民代表大会主席团许可，在全国人民代表大会闭会期间非经全国人民代表大会常务委员会许可，不受逮捕或者刑事审判。

全国人民代表大会代表如果因为是现行犯被拘留，执行拘留的公安机关应当立即向全国人民代表大会主席团或者全国人民代表大会常务委员会报告。

中华人民共和国
全国人民代表大会议事规则

（1989 年 4 月 4 日第七届全国人民代表大会第二次会议通过 根据 2021 年 3 月 11 日第十三届全国人民代表大会第四次会议《关于修改〈中华人民共和国全国人民代表大会议事规则〉的决定》修正）

目　　录

第八章　公　　布

第九章　附　　则

第一条　根据宪法、全国人民代表大会组织法和全国人民代表大会的实践经验，制定本规则。

第一章　会议的举行

第二条　全国人民代表大会会议于每年第一季度举行，会议召开的日期由全国人民代表大会常务委员会决定并予以公布。

遇有特殊情况，全国人民代表大会常务委员会可以决定适当提前或者推迟召开会议。提前或者推迟召开会议的日期未能在当次会议上决定的，全国人民代表大会常务委员会可以另行决定或者授权委员长会议决定，并予以公布。

第三条　全国人民代表大会会议由全国人民代表大会常务委员会召集。每届全国人民代表大会第一次会议，在本届全国人民代表大会代表选举完成后的两个月内，由上届全国人民代表大会常务委员会召集。

第四条　全国人民代表大会会议有三分之二以上的代表出席，始得举行。

第五条　全国人民代表大会常务委员会在全国人民代表大会会议举行前，进行下列准备工作：

（一）提出会议议程草案；

（二）提出主席团和秘书长名单草案；

（三）决定列席会议人员名单；

（四）会议的其他准备事项。

第六条　全国人民代表大会常务委员会在全国人民代表大会会议举行的一个月前，将开会日期和建议会议讨论的主要事项通知代表，并将准备提请会议审议的法律草案发给代表。

全国人民代表大会常务委员会在全国人民代表大会会议举行前，可以组织代表研读讨论有关法律草案，征求代表的意见，并通报会议拟讨论的主要事项的有关情况。

临时召集的全国人民代表大会会议不适用前两款规定。

第七条　全国人民代表大会会议举行前，代表按照选举单位组成代表团。代表团全体会议推选代表团团长、副团长。团长召集并主持代表团全体会议。副团长协助团长工作。

代表团可以分设若干代表小组。代表小组会议推选小组召集人。

第八条　全国人民代表大会会议举行前，召开预备会议，选举主席团和秘书长，通过会议议程和关于会议其他准备事项的决定。

预备会议由全国人民代表大会常务委员会主持。每届全国人民代表大会第一次会议的预备会议，由上届全国人民代表大会常务委员会主持。

各代表团审议全国人民代表大会常务委员会提出的主席团和秘书长名单草案、会议议程草案以及关于会议的其他准备事项，提出意见。

全国人民代表大会常务委员会委员长会议根据各代表团提出的意见，可以对主席团和秘书长名单草案、会议议程草案以及关于会议的其他准备事项提出调整意见，提请预备会议审议。

第九条　主席团主持全国人民代表大会会议。

主席团的决定，由主席团全体成员的过半数通过。

第十条　主席团第一次会议推选主席团常务主席若干人，推选主席团成员若干人分别担任每次大会全体会议的执行主席，并决定下列事项：

（一）副秘书长的人选；

（二）会议日程；

（三）会议期间代表提出议案的截止时间；

（四）其他需要由主席团第一次会议决定的事项。

第十一条　主席团常务主席召集并主持主席团会议。主席团第一次会议由全国人民代表大会常务委员会委员长召集并主持，会议推选主席团常务主席后，由主席团常务主席主持。

第十二条　代表团审议议案和有关报告，由代表团全体会议、代表小组会议审议。

以代表团名义提出的议案、质询案、罢免案，由代表团全体代表的过半数通过。

第十三条　主席团常务主席可以召开代表团团长会议，就议案和有关报告的重大问题听取各代表团的审议意见，进行讨论，并将讨论的情况和意见向主席团报告。

主席团常务主席可以就重大的专门性问题，召集代表团推选的有关代表进行讨论；国务院有关部门负责人参加会议，汇报情况，回答问题。会议讨论的情况和意见应当向主席团报告。

第十四条　主席团可以召开大会全体会议进行大会发言，就议案和有关报告发表意见。

第十五条　全国人民代表大会代表应当出席会议；因病或者其他特殊原因不能出席的，应当向会议秘书处书面请假。秘书处应当向主席团报告代表出席会议的情况和缺席的原因。

代表应当勤勉尽责，认真审议各项议案和报告，严格遵守会议纪律。

第十六条　国务院的组成人员，中央军事委员会的组成人员，国家监察委员会主任，最高人民法院院长和最高人民检察院检察长，列席全国人民代表大会会议；其他有关机关、团体的负责人，经全国人民代表大会常务委员会决定，可以列席全国人民代表大会会议。

第十七条　全国人民代表大会会议公开举行。

全国人民代表大会会议议程、日程和会议情况予以公开。

全国人民代表大会会议期间，代表在各种会议上的发言，整理简报印发会议，并可以根据本人要求，将发言记录或者摘要印发会议。会议简报、发言记录或者摘要可以为纸质版，也可以为电子版。

大会全体会议设旁听席。旁听办法另行规定。

第十八条　全国人民代表大会会议举行新闻发布会、记者会。

全国人民代表大会会议设发言人，代表团可以根据需要设发言人。

秘书处可以组织代表和有关部门、单位负责人接受新闻媒体采访。代表团可以组织本代表团代表接受新闻媒体采访。

大会全体会议通过广播、电视、网络等媒体进行公开报道。

第十九条　全国人民代表大会在必要的时候，可以举行秘密会议。举行秘密会议，经主席团征求各代表团的意见后，由有各代表团团长参加的主席团会议决定。

第二十条　全国人民代表大会举行会议的时候，秘书处和有关的代表团应当为少数民族代表准备必要的翻译。

第二十一条　全国人民代表大会举行会议，应当合理安排会议日程，提高议事质量和效率。

各代表团应当按照会议日程进行审议。

第二十二条　全国人民代表大会会议运用现代信息技术，推进会议文件资料电子化，采用网络视频等方式为代表履职提供便利和服务。

第二章　议案的提出和审议

第二十三条　主席团，全国人民代表大会常务委员会，全国人民代表大会各专门委员会，国务院，中央军事委员会，国家监察委员会，最高人民法院，最高人民检察院，可以向全国人民代表大会提出属于全国人民代表大会职权范围内的议案，由主席团决定列入会议议程。

一个代表团或者三十名以上的代表联名，可以向全国人民代表大会提出属于全国人民代表大会职权范围内的议案，由主席团决定是否列入会议议程，或者先交有关的专门委员会审议、提出是否列入会议议程的意见，再决定是否列入会议议程，并将主席团通过的关于议案处理意见的报告印发会议。专门委员会审议的时候，可以邀请提案人列席会议、发表意见。

代表联名或者代表团提出的议案，可以在全国人民代表大会会议举行前提出。

第二十四条　列入会议议程的议案，提案人和有关的全国人民代表大会专门委员会、有关的全国人民代表大会常务委员会工作部门应当提供有关的资料。

第二十五条　列入会议议程的议案，提案人应当向会议提出关于议案的说明。议案由各代表团进行审议，主席团可以并交有关的专门委员会进行审议、提出报告，由主席团审议决定提请大会全体会议表决。

第二十六条　列入会议议程的法律案，大会全体会议听取关于该法律案的说明后，由各代表团审议，并由宪法和法律委员会、有关的专门委员会审议。

宪法和法律委员会根据各代表团和有关的专门委员会的审议意见，对法律案进行统一审议，向主席团提出审议结果报告和法律草案、有关法律问题的决定草案修改稿，对重要的不同意见应当在审议结果报告中予以说明，经主席团审议通过后，印发会议。修改稿经各代表团审议，由宪法和法律委员会根据各代表团的审议意见进行修改，提出表决稿，由主席团提请大会全体会议表决。

有关的专门委员会的审议意见应当及时印发会议。

全国人民代表大会决定成立的特定的法律起草委员会拟订并提出的法律案的审议程序和表决办法，另行规定。

第二十七条　向全国人民代表大会提出的法律案，在全国人民代表大会闭会期间，可以先向全国人民代表大会常务委员会提出，经全国人民代表大会常务委员会会议依照有关程序审议后，决定提请全国人民代表大会审议。

全国人民代表大会常务委员会对准备提请全国人民代表大会审议的法律案，应当将法律草案向社会公布，广泛征求意见，但是经委员长会议决定不公布的除外。向社会公布征求意见的时间一般不少于三十日。

第二十八条　专门委员会审议议案和有关报告，涉及专门性问题的时候，可以邀请有关方面的代表和专家列席会议，发表意见。

专门委员会可以决定举行秘密会议。

第二十九条 列入会议议程的议案，在交付表决前，提案人要求撤回的，经主席团同意，会议对该议案的审议即行终止。

第三十条 列入会议议程的议案，在审议中有重大问题需要进一步研究的，经主席团提出，由大会全体会议决定，可以授权全国人民代表大会常务委员会审议决定，并报全国人民代表大会下次会议备案或者提请全国人民代表大会下次会议审议。

第三十一条 一个代表团或者三十名以上的代表联名提出的议案，经主席团决定不列入本次会议议程的，交有关的专门委员会在全国人民代表大会闭会后审议。有关的专门委员会进行审议后，向全国人民代表大会常务委员会提出审议结果报告，经全国人民代表大会常务委员会审议通过后，印发全国人民代表大会下次会议。

第三十二条 全国人民代表大会代表向全国人民代表大会提出的对各方面工作的建议、批评和意见，由全国人民代表大会常务委员会办事机构交由有关机关、组织研究办理，并负责在交办之日起三个月内，至迟不超过六个月，予以答复。代表对答复不满意的，可以提出意见，由全国人民代表大会常务委员会办事机构交由有关机关、组织或者其上级机关、组织再作研究办理，并负责答复。

第三章 审议工作报告、审查国家计划和国家预算

第三十三条 全国人民代表大会每年举行会议的时候，全国人民代表大会常务委员会、国务院、最高人民法院、最高人民检

察院向会议提出的工作报告，经各代表团审议后，会议可以作出相应的决议。

第三十四条 全国人民代表大会会议举行的四十五日前，国务院有关主管部门应当就上一年度国民经济和社会发展计划执行情况的主要内容与本年度国民经济和社会发展计划草案的初步方案，上一年度中央和地方预算执行情况的主要内容与本年度中央和地方预算草案的初步方案，向全国人民代表大会财政经济委员会和有关的专门委员会汇报，由财政经济委员会进行初步审查。财政经济委员会进行初步审查时，应当邀请全国人民代表大会代表参加。

第三十五条 全国人民代表大会每年举行会议的时候，国务院应当向会议提出关于上一年度国民经济和社会发展计划执行情况与本年度国民经济和社会发展计划草案的报告、国民经济和社会发展计划草案，关于上一年度中央和地方预算执行情况与本年度中央和地方预算草案的报告、中央和地方预算草案，由各代表团进行审查，并由财政经济委员会和有关的专门委员会审查。

财政经济委员会根据各代表团和有关的专门委员会的审查意见，对前款规定的事项进行审查，向主席团提出审查结果报告，主席团审议通过后，印发会议，并将关于上一年度国民经济和社会发展计划执行情况与本年度国民经济和社会发展计划的决议草案、关于上一年度中央和地方预算执行情况与本年度中央和地方预算的决议草案提请大会全体会议表决。

有关的专门委员会的审查意见应当及时印发会议。

第三十六条 国民经济和社会发展计划、中央预算经全国人民代表大会批准后，在执行过程中必须作部分调整的，国务院应当将调整方案提请全国人民代表大会常务委员会审查和批准。

第三十七条 国民经济和社会发展五年规划纲要和中长期规划纲要的审查、批准和调整，参照本章有关规定执行。

第四章　国家机构组成人员的选举、罢免、任免和辞职

第三十八条 全国人民代表大会常务委员会委员长、副委员长、秘书长、委员的人选，中华人民共和国主席、副主席的人选，中央军事委员会主席的人选，国家监察委员会主任的人选，最高人民法院院长和最高人民检察院检察长的人选，由主席团提名，经各代表团酝酿协商后，再由主席团根据多数代表的意见，确定正式候选人名单。

国务院总理和国务院其他组成人员的人选，中央军事委员会除主席以外的其他组成人员的人选，依照宪法的有关规定提名。

各专门委员会主任委员、副主任委员和委员的人选，由主席团在代表中提名。

第三十九条 候选人的提名人应当向会议介绍候选人的基本情况，并对代表提出的问题作必要的说明。

第四十条 全国人民代表大会会议选举或者决定任命，采用无记名投票方式。得票数超过全体代表的半数的，始得当选或者通过。

大会全体会议选举或者表决任命案的时候，设秘密写票处。

选举或者表决结果，由会议主持人当场宣布。候选人的得票数，应当公布。

第四十一条 全国人民代表大会会议选举和决定任命的具体办法，由大会全体会议通过。

第四十二条　全国人民代表大会选举或者决定任命的国家机构组成人员在依照法定程序产生后，公开进行宪法宣誓。宣誓仪式由主席团组织。

第四十三条　全国人民代表大会会议期间，全国人民代表大会常务委员会的组成人员，中华人民共和国主席、副主席，国务院的组成人员，中央军事委员会的组成人员，国家监察委员会主任，最高人民法院院长，最高人民检察院检察长，全国人民代表大会专门委员会成员提出辞职的，由主席团将其辞职请求交各代表团审议后，提请大会全体会议决定；大会闭会期间提出辞职的，由委员长会议将其辞职请求提请全国人民代表大会常务委员会审议决定。

全国人民代表大会常务委员会接受全国人民代表大会常务委员会委员长、副委员长、秘书长，中华人民共和国主席、副主席，国务院总理、副总理、国务委员，中央军事委员会主席，国家监察委员会主任，最高人民法院院长，最高人民检察院检察长辞职的，应当报请全国人民代表大会下次会议确认。

全国人民代表大会常务委员会接受全国人民代表大会常务委员会委员辞职的，应当向全国人民代表大会下次会议报告。

全国人民代表大会闭会期间，国务院总理、中央军事委员会主席、国家监察委员会主任、最高人民法院院长、最高人民检察院检察长缺位的，全国人民代表大会常务委员会可以分别在国务院副总理、中央军事委员会副主席、国家监察委员会副主任、最高人民法院副院长、最高人民检察院副检察长中决定代理人选。

第四十四条　主席团、三个以上的代表团或者十分之一以上的代表，可以提出对全国人民代表大会常务委员会的组成人员，中华人民共和国主席、副主席，国务院的组成人员，中央军事委员会的组成人员，国家监察委员会主任，最高人民法院院长和最高人民检察院检察长的罢免案，由主席团交各代表团审议后，提请大会全体会议表决；或者依照本规则第六章的规定，由主席团提议，经大会全体会议决定，组织调查委员会，由全国人民代表大会下次会议根据调查委员会的报告审议决定。

罢免案应当写明罢免理由，并提供有关的材料。

罢免案提请大会全体会议表决前，被提出罢免的人员有权在主席团会议和大会全体会议上提出申辩意见，或者书面提出申辩意见，由主席团印发会议。

第四十五条　全国人民代表大会常务委员会组成人员、专门委员会成员的全国人民代表大会代表职务被原选举单位罢免的，其全国人民代表大会常务委员会组成人员、专门委员会成员的职务相应撤销，由主席团或者全国人民代表大会常务委员会予以公告。

第四十六条　全国人民代表大会常务委员会组成人员、专门委员会成员，辞去全国人民代表大会代表职务的请求被接受的，其全国人民代表大会常务委员会组成人员、专门委员会成员的职务相应终止，由全国人民代表大会常务委员会予以公告。

第五章　询问和质询

第四十七条　各代表团审议议案和有关报告的时候，有关部门应当派负责人员到会，听取意见，回答代表提出的询问。

各代表团全体会议审议政府工作报告，审查关于上一年度国民经济和社会发展计划执行情况与本年度国民经济和社会发展计划草案的报告、国民经济和社会发展计划草案，审查关于上一年度中央和地方预算执行情况与本年度中央和地方预算草案的报告、中央和地方预算草案，审议最高人民法院工作报告、最高人民检察院工作报告的时候，国务院以及国务院各部门负责人，最高人民法院、最高人民检察院负责人或者其委派的人员应当分别参加会议，听取意见，回答询问。

主席团和专门委员会对议案和有关报告进行审议的时候，国务院或者有关机关负责人应当到会，听取意见，回答询问，并可以对议案或者有关报告作补充说明。

第四十八条　全国人民代表大会会议期间，一个代表团或者三十名以上的代表联名，可以书面提出对国务院以及国务院各部门、国家监察委员会、最高人民法院、最高人民检察院的质询案。

第四十九条　质询案必须写明质询对象、质询的问题和内容。

第五十条　质询案按照主席团的决定由受质询机关的负责人在主席团会议、有关的专门委员会会议或者有关的代表团会议上口头答复，或者由受质询机关书面答复。在主席团会议或者专门委员会会议上答复的，提质询案的代表团团长或者代表有权列席会议，发表意见。

提质询案的代表或者代表团对答复质询不满意的，可以提出要求，经主席团决定，由受质询机关再作答复。

在专门委员会会议或者代表团会议上答复的，有关的专门委员会或者代表团应当将答复质询案的情况向主席团报告。

主席团认为必要的时候，可以将答复质询案的情况报告印发会议。

质询案以书面答复的，受质询机关的负责人应当签署，由主席团决定印发会议。

第六章　调查委员会

第五十一条　全国人民代表大会认为必要的时候，可以组织关于特定问题的调查委员会。

第五十二条　主席团、三个以上的代表团或者十分之一以上的代表联名，可以提议组织关于特定问题的调查委员会，由主席团提请大会全体会议决定。

调查委员会由主任委员、副主任委员若干人和委员若干人组成，由主席团在代表中提名，提请大会全体会议通过。调查委员会可以聘请专家参加调查工作。

第五十三条　调查委员会进行调查的时候，一切有关的国家机关、社会团体和公民都有义务如实向它提供必要的材料。提供材料的公民要求调查委员会对材料来源保密的，调查委员会应当予以保密。

调查委员会在调查过程中，可以不公布调查的情况和材料。

第五十四条　调查委员会应当向全国人民代表大会提出调查报告。全国人民代表大会根据调查委员会的报告，可以作出相应的决议。

全国人民代表大会可以授权全国人民代表大会常务委员会在全国人民代表大会闭会期间，听取调查委员会的调查报告，并可以作出相应的决议，报全国人民代表大会下次会议备案。

第七章　发言和表决

第五十五条　全国人民代表大会代表在全国人民代表大会各

种会议上的发言和表决，不受法律追究。

第五十六条　代表在全国人民代表大会各种会议上发言，应当围绕会议确定的议题进行。

第五十七条　代表在大会全体会议上发言的，每人可以发言两次，第一次不超过十分钟，第二次不超过五分钟。

要求在大会全体会议上发言的，应当在会前向秘书处报名，由大会执行主席安排发言顺序；在大会全体会议上临时要求发言的，经大会执行主席许可，始得发言。

第五十八条　主席团成员和代表团团长或者代表团推选的代表在主席团每次会议上发言的，每人可以就同一议题发言两次，第一次不超过十五分钟，第二次不超过十分钟。经会议主持人许可，发言时间可以适当延长。

第五十九条　大会全体会议表决议案，由全体代表的过半数通过。

宪法的修改，由全体代表的三分之二以上的多数通过。

表决结果由会议主持人当场宣布。

会议表决时，代表可以表示赞成，可以表示反对，也可以表示弃权。

第六十条　会议表决议案采用无记名按表决器方式。如表决器系统在使用中发生故障，采用举手方式。

宪法的修改，采用无记名投票方式表决。

预备会议、主席团会议表决的方式，适用本条第一款的规定。

第八章　公　　布

第六十一条　全国人民代表大会选举产生的全国人民代表大

会常务委员会委员长、副委员长、秘书长、委员，中华人民共和国主席、副主席，中央军事委员会主席，国家监察委员会主任，最高人民法院院长，最高人民检察院检察长，决定任命的中央军事委员会副主席、委员，通过的全国人民代表大会专门委员会成员，以全国人民代表大会公告予以公布。

全国人民代表大会决定任命的国务院总理、副总理、国务委员、各部部长、各委员会主任、中国人民银行行长、审计长、秘书长，由中华人民共和国主席根据全国人民代表大会的决定，签署主席令任命并予以公布。

第六十二条　国家机构组成人员在全国人民代表大会会议期间辞职或者被罢免的，适用本规则第六十一条规定的公布程序。

第六十三条　全国人民代表大会通过的宪法修正案，以全国人民代表大会公告予以公布。

第六十四条　全国人民代表大会通过的法律，由中华人民共和国主席签署主席令予以公布。

第六十五条　全国人民代表大会通过的法律、决议、决定，发布的公告，以及法律草案的说明、审议结果报告等，应当及时在全国人民代表大会常务委员会公报和中国人大网上刊载。

第九章　附　　则

第六十六条　本规则自公布之日起施行。

中华人民共和国全国人民代表大会常务委员会议事规则

（1987 年 11 月 24 日第六届全国人民代表大会常务委员会第二十三次会议通过　根据 2009 年 4 月 24 日第十一届全国人民代表大会常务委员会第八次会议《关于修改〈中华人民共和国全国人民代表大会常务委员会议事规则〉的决定》第一次修正　根据 2022 年 6 月 24 日第十三届全国人民代表大会常务委员会第三十五次会议《关于修改〈中华人民共和国全国人民代表大会常务委员会议事规则〉的决定》第二次修正）

目　　录

第一章 总 则

第一条 为了健全全国人民代表大会常务委员会的议事程序，保障和规范其行使职权，根据宪法、全国人民代表大会组织法，总结全国人民代表大会常务委员会工作的实践经验，制定本规则。

第二条 全国人民代表大会常务委员会坚持中国共产党的领导，依照法定职权和法定程序举行会议、开展工作。

第三条 全国人民代表大会常务委员会坚持和发展全过程人民民主，始终同人民保持密切联系，倾听人民的意见和建议，体现人民意志，保障人民权益。

第四条 全国人民代表大会常务委员会审议议案、决定问题，实行民主集中制的原则，充分发扬民主，集体行使职权。

第五条 全国人民代表大会常务委员会举行会议，应当合理安排会期、议程和日程，提高议事质量和效率。

第二章 会议的召开

第六条 全国人民代表大会常务委员会会议一般每两个月举行一次，必要时可以加开会议；有特殊需要的时候，可以临时召集会议。

常务委员会会议召开的日期由委员长会议决定。

常务委员会会议由委员长召集并主持。委员长可以委托副委员长主持会议。

第七条 常务委员会会议有常务委员会全体组成人员的过半数出席，始得举行。

遇有特殊情况，经委员长会议决定，常务委员会组成人员可以通过网络视频方式出席会议。

第八条　委员长会议拟订常务委员会会议议程草案，提请常务委员会全体会议决定。

常务委员会举行会议期间，需要调整议程的，由委员长会议提出，经常务委员会全体会议同意。

会议日程由委员长会议决定。

第九条　常务委员会举行会议，应当在会议举行七日以前，将开会日期、建议会议讨论的主要事项，通知常务委员会组成人员和列席会议的人员；临时召集的会议，可以临时通知。

第十条　常务委员会举行会议的时候，国务院、中央军事委员会、国家监察委员会、最高人民法院、最高人民检察院的负责人列席会议。

不是常务委员会组成人员的全国人民代表大会专门委员会主任委员、副主任委员、委员，常务委员会副秘书长，工作委员会主任、副主任，香港特别行政区基本法委员会主任、副主任，澳门特别行政区基本法委员会主任、副主任，有关部门负责人，列席会议。

第十一条　常务委员会举行会议的时候，各省、自治区、直辖市和其他有关地方的人民代表大会常务委员会主任或者副主任一人列席会议，并可以邀请有关的全国人民代表大会代表列席会议。

遇有特殊情况，经委员长会议决定，可以调整列席人员的范围。

第十二条　常务委员会举行会议的时候，召开全体会议和分组会议，根据需要召开联组会议。

第十三条　常务委员会分组会议由委员长会议确定若干名召集人，轮流主持会议。

分组会议审议过程中有重大意见分歧或者其他重要情况的，召集人应当及时向秘书长报告。

分组名单由常务委员会办事机构拟订，报秘书长审定，并定期调整。

第十四条　常务委员会举行联组会议，由委员长主持。委员长可以委托副委员长主持会议。

联组会议可以由各组联合召开，也可以分别由两个以上的组联合召开。

第十五条　常务委员会举行会议的时候，常务委员会组成人员应当出席会议；因病或者其他特殊原因不能出席的，应当通过常务委员会办事机构向委员长书面请假。

常务委员会办事机构应当向委员长报告常务委员会组成人员出席会议的情况和缺席的原因。

常务委员会组成人员应当勤勉尽责，认真审议各项议案和报告，严格遵守会议纪律。

第十六条　常务委员会会议公开举行。常务委员会会议会期、议程、日程和会议情况予以公开。必要时，经委员长会议决定，可以暂不公开有关议程。

第十七条　常务委员会会议运用现代信息技术，推进会议文件资料电子化，采用网络视频等方式为常务委员会组成人员和列席人员履职提供便利和服务。

第三章　议案的提出和审议

第十八条　委员长会议可以向常务委员会提出属于常务委员

会职权范围内的议案，由常务委员会会议审议。

国务院，中央军事委员会，国家监察委员会，最高人民法院，最高人民检察院，全国人民代表大会各专门委员会，可以向常务委员会提出属于常务委员会职权范围内的议案，由委员长会议决定列入常务委员会会议议程，或者先交有关的专门委员会审议、提出报告，再决定列入常务委员会会议议程。

常务委员会组成人员十人以上联名，可以向常务委员会提出属于常务委员会职权范围内的议案，由委员长会议决定是否列入常务委员会会议议程，或者先交有关的专门委员会审议、提出是否列入会议议程的意见，再决定是否列入常务委员会会议议程；不列入常务委员会会议议程的，应当向常务委员会会议报告或者向提案人说明。

第十九条　提请常务委员会会议审议的议案，应当在会议召开十日前提交常务委员会。

临时召集的常务委员会会议不适用前款规定。

向常务委员会提出议案，应当同时提出议案文本和说明。

第二十条　委员长会议根据工作需要，可以委托常务委员会的工作委员会、办公厅起草议案草案，并向常务委员会会议作说明。

第二十一条　对列入常务委员会会议议程的议案，提议案的机关、有关的专门委员会、常务委员会有关工作部门应当提供有关的资料。

任免案、撤职案应当附有拟任免、撤职人员的基本情况和任免、撤职理由；必要的时候，有关负责人应当到会回答询问。

第二十二条　常务委员会全体会议听取关于议案的说明。内容相关联的议案可以合并说明。

常务委员会全体会议听取议案说明后，由分组会议、联组会议进行审议，并由有关的专门委员会进行审议、提出报告。

第二十三条 列入会议议程的法律案，常务委员会听取说明并初次审议后，由宪法和法律委员会进行统一审议，向下次或者以后的常务委员会会议提出审议结果的报告。

有关法律问题的决定的议案和修改法律的议案，宪法和法律委员会统一审议后，可以向本次常务委员会会议提出审议结果的报告，也可以向下次或者以后的常务委员会会议提出审议结果的报告。

专门委员会对有关法律案进行审议并提出审议意见，印发常务委员会会议。

向全国人民代表大会提出的法律案，在全国人民代表大会闭会期间，可以先向常务委员会提出；常务委员会会议审议后，作出提请全国人民代表大会审议的决定。

第二十四条 提请批准国民经济和社会发展规划纲要、计划、预算的调整方案和决算的议案，交财政经济委员会审查，也可以同时交其他有关专门委员会审查，由财政经济委员会向常务委员会会议提出审查结果的报告。有关专门委员会的审查意见印发常务委员会会议。

国民经济和社会发展规划纲要、计划的调整方案应当在常务委员会举行全体会议审查的四十五日前，交财政经济委员会进行初步审查。

预算调整方案、决算草案应当在常务委员会举行全体会议审查的三十日前，交财政经济委员会进行初步审查。

第二十五条 提请批准或者加入条约和重要协定的议案，交外事委员会审议，可以同时交其他有关专门委员会审议，由外事委员会向本次常务委员会会议提出审议结果的报告，也可以向下次或者以后的常务委员会会议提出审议结果的报告。有关专门委员会的审议意见印发常务委员会会议。

第二十六条　依法需要报经常务委员会批准的法规和自治条例、单行条例等，由制定机关报送常务委员会，由委员长会议决定列入常务委员会会议议程，由有关的专门委员会进行审议并提出报告。

第二十七条　列于《中华人民共和国香港特别行政区基本法》附件三、《中华人民共和国澳门特别行政区基本法》附件三的法律需要作出增减的，在征询香港特别行政区基本法委员会和香港特别行政区政府、澳门特别行政区基本法委员会和澳门特别行政区政府的意见后，由委员长会议提出议案，提请常务委员会会议审议。

第二十八条　常务委员会联组会议可以听取和审议专门委员会对议案审议意见的汇报，对会议议题进行讨论。

第二十九条　提议案的机关的负责人可以在常务委员会全体会议、联组会议上对议案作补充说明。

第三十条　列入常务委员会会议议程的议案，在交付表决前，提案人要求撤回的，经委员长会议同意，对该议案的审议即行终止。

第三十一条　拟提请常务委员会全体会议表决的议案，在审议中有重大问题需要进一步研究的，经委员长或者委员长会议提出，联组会议或者全体会议同意，可以暂不付表决，交有关专门委员会进一步审议，提出审议报告。

第三十二条　常务委员会认为必要的时候，可以组织关于特定问题的调查委员会，并且根据调查委员会的报告，作出相应的决议。

第四章　听取和审议报告

第三十三条　常务委员会根据年度工作计划和需要听取国务院、国家监察委员会、最高人民法院、最高人民检察院的专项工作报告。

常务委员会召开全体会议，定期听取下列报告：

（一）关于国民经济和社会发展计划、预算执行情况的报告，关于国民经济和社会发展五年规划纲要实施情况的中期评估报告；

（二）决算报告、审计工作报告、审计查出问题整改情况的报告；

（三）国务院关于年度环境状况和环境保护目标完成情况的报告；

（四）国务院关于国有资产管理情况的报告；

（五）国务院关于金融工作有关情况的报告；

（六）常务委员会执法检查组提出的执法检查报告；

（七）专门委员会关于全国人民代表大会会议主席团交付审议的代表提出的议案审议结果的报告；

（八）常务委员会办公厅和有关部门关于全国人民代表大会会议代表建议、批评和意见办理情况的报告；

（九）常务委员会法制工作委员会关于备案审查工作情况的报告；

（十）其他报告。

第三十四条　常务委员会全体会议听取报告后，可以由分组会议和联组会议进行审议。

委员长会议可以决定将报告交有关的专门委员会审议，提出意见。

第三十五条　常务委员会组成人员对各项报告的审议意见交由有关机关研究处理。有关机关应当将研究处理情况向常务委员会提出书面报告。

常务委员会认为必要的时候，可以对有关报告作出决议。有关机关应当在决议规定的期限内，将执行决议的情况向常务委员会报告。

委员长会议可以根据工作报告中的建议、常务委员会组成人员的审议意见，提出有关法律问题或者重大问题的决定的议案，提请常务委员会审议，必要时由常务委员会提请全国人民代表大会审议。

第五章　询问和质询

第三十六条　常务委员会分组会议对议案或者有关的报告进行审议的时候，应当通知有关部门派人到会，听取意见，回答询问。

常务委员会联组会议对议案或者有关的报告进行审议的时候，应当通知有关负责人到会，听取意见，回答询问。

第三十七条　常务委员会围绕关系改革发展稳定大局和人民切身利益、社会普遍关注的重大问题，可以召开联组会议、分组会议，进行专题询问。

根据专题询问的议题，国务院及国务院有关部门和国家监察委员会、最高人民法院、最高人民检察院的负责人应当到会，听取意见，回答询问。

专题询问中提出的意见交由有关机关研究处理，有关机关应当及时向常务委员会提交研究处理情况报告。必要时，可以由委员长会议将研究处理情况报告提请常务委员会审议，由常务委员会作出决议。

第三十八条 根据常务委员会工作安排或者受委员长会议委托，专门委员会可以就有关问题开展调研询问，并提出开展调研询问情况的报告。

第三十九条 在常务委员会会议期间，常务委员会组成人员十人以上联名，可以向常务委员会书面提出对国务院及国务院各部门和国家监察委员会、最高人民法院、最高人民检察院的质询案。

第四十条 质询案必须写明质询对象、质询的问题和内容。

第四十一条 质询案由委员长会议决定交由有关的专门委员会审议或者提请常务委员会会议审议。

第四十二条 质询案由委员长会议决定，由受质询机关的负责人在常务委员会会议上或者有关的专门委员会会议上口头答复，或者由受质询机关书面答复。在专门委员会会议上答复的，专门委员会应当向常务委员会或者委员长会议提出报告。

质询案以书面答复的，应当由被质询机关负责人签署，并印发常务委员会组成人员和有关的专门委员会。

专门委员会审议质询案的时候，提质询案的常务委员会组成人员可以出席会议，发表意见。

第六章　发言和表决

第四十三条 常务委员会组成人员在全体会议、联组会议和分组会议上发言，应当围绕会议确定的议题进行。

常务委员会全体会议或者联组会议安排对有关议题进行审议的时候，常务委员会组成人员要求发言的，应当在会前由本人向常务委员会办事机构提出，由会议主持人安排，按顺序发言。在全体会议和联组会议上临时要求发言的，经会议主持人同意，始得发言。在分组会议上要求发言的，经会议主持人同意，即可发言。

列席会议的人员的发言，适用本章有关规定。

第四十四条　在全体会议和联组会议上的发言，不超过十分钟；在分组会议上，第一次发言不超过十五分钟，第二次对同一问题的发言不超过十分钟。事先提出要求，经会议主持人同意的，可以延长发言时间。

在常务委员会会议上的发言，由常务委员会办事机构工作人员记录，经发言人核对签字后，编印会议简报和存档。会议简报可以为纸质版，也可以为电子版。

第四十五条　表决议案由常务委员会全体组成人员的过半数通过。

表决结果由会议主持人当场宣布。

出席会议的常务委员会组成人员应当参加表决。表决时，常务委员会组成人员可以表示赞成，可以表示反对，也可以表示弃权。

第四十六条　交付表决的议案，有修正案的，先表决修正案。

第四十七条　任免案、撤职案逐人表决，根据情况也可以合并表决。

第四十八条　常务委员会表决议案，采用无记名按表决器方式。常务委员会组成人员应当按表决器。如表决器系统在使用中发生故障，采用举手方式或者其他方式。

常务委员会组成人员通过网络视频方式出席会议的，采用举手方式或者其他方式表决。

第七章　公　　布

第四十九条　常务委员会通过的法律，由中华人民共和国主席签署主席令予以公布。

常务委员会通过的其他决议、决定，由常务委员会公布。

常务委员会通过的法律解释，关于全国人民代表大会代表选举、补选、辞职、罢免等事项，由常务委员会发布公告予以公布。

第五十条　常务委员会决定任免的国务院副总理、国务委员以及各部部长、各委员会主任、中国人民银行行长、审计长、秘书长，由中华人民共和国主席根据常务委员会的决定，签署主席令任免并予以公布。

第五十一条　常务委员会通过的法律、决议、决定及其说明、修改情况的汇报、审议结果的报告，发布的公告，决定批准或者加入的条约和重要协定，常务委员会、专门委员会的声明等，应当及时在常务委员会公报和中国人大网上刊载。

第八章　附　　则

第五十二条　本规则自公布之日起施行。

全国人民代表大会
常务委员会组成人员守则

（1993 年 7 月 2 日第八届全国人民代表大会常务委员会第二次会议通过　2023 年 4 月 26 日第十四届全国人民代表大会常务委员会第二次会议修订）

第一条　为了加强全国人民代表大会常务委员会自身建设，使常务委员会组成人员更好地履行职责、开展工作，根据宪法和有关法律规定，总结实践经验，制定本守则。

第二条　常务委员会组成人员履行职责、开展工作，应当遵守本守则。

常务委员会组成人员包括委员长、副委员长、秘书长和委员。

第三条　常务委员会组成人员应当坚持中国共产党的领导，坚持以马克思列宁主义、毛泽东思想、邓小平理论、"三个代表"重要思想、科学发展观、习近平新时代中国特色社会主义思想为指导，依照宪法和法律规定履行职责、开展工作。

常务委员会组成人员应当旗帜鲜明讲政治，坚决维护党中央权威和集中统一领导，深刻领悟"两个确立"的决定性意义，增强"四个意识"、坚定"四个自信"、做到"两个维护"，自觉在思想上政治上行动上同以习近平同志为核心的党中央保持高度一致，把党的领导贯彻落实到人大工作各方面全过程。

第四条 常务委员会组成人员应当以坚持和完善人民代表大会制度为己任，做到政治坚定、服务人民、尊崇法治、发扬民主、勤勉尽责，为建设自觉坚持中国共产党领导的政治机关、保证人民当家作主的国家权力机关、全面担负宪法法律赋予的各项职责的工作机关、始终同人民群众保持密切联系的代表机关而积极工作。

第五条 常务委员会组成人员应当坚持以人民为中心，践行全过程人民民主，维护人民根本利益和共同意志，全心全意为人民服务，维护社会公平正义，自觉接受人民监督。

第六条 常务委员会组成人员应当忠于宪法，模范遵守宪法和法律，维护宪法权威，维护社会主义法治的统一、尊严和权威，坚持推进全面依法治国，建设社会主义法治国家。

第七条 常务委员会组成人员应当坚持民主集中制原则，充分发扬民主，集体行使职权，集体决定问题。

第八条 常务委员会组成人员应当认真履职，恪尽职守，担当作为，践行初心使命。

常务委员会组成人员应当妥善处理履行职责和其他工作的关系。

第九条 常务委员会组成人员应当严格遵守政治纪律和政治规矩，贯彻落实中央八项规定精神，加强作风建设，坚持实事求是，反对形式主义、官僚主义。

常务委员会组成人员应当严格落实廉洁从政各项规定，克己奉公，清正廉洁，不得利用职权牟取个人私利，不得干涉具体司法案件。

第十条 常务委员会组成人员应当持续加强履职学习，认真参加常务委员会安排的专题学习和其他学习，坚持学以致用、学用结合，不断提高履职能力和本领。

常务委员会组成人员应当注重学习以下内容：

（一）习近平新时代中国特色社会主义思想特别是习近平法治思想、习近平总书记关于坚持和完善人民代表大会制度的重要思想；

（二）党的路线、方针、政策和决议；

（三）宪法、法律；

（四）人民代表大会制度的理论和实践；

（五）中国式现代化的理论和实践；

（六）履职所需的法律知识和其他专业知识。

第十一条　常务委员会组成人员应当依法履职，遵守法定程序，遵守会风会纪，提高工作质量和效率。

第十二条　常务委员会组成人员应当出席常务委员会会议。因病或者其他特殊原因不能出席的，应当通过常务委员会办公厅向委员长书面请假。

办公厅应当向委员长报告常务委员会组成人员出席会议的情况和缺席的原因。

每次会议由办公厅将会议出席情况印发常务委员会组成人员。

第十三条　常务委员会组成人员在常务委员会的各种会议上，应当遵守议事规则和其他有关规定。

第十四条　常务委员会会议举行前，常务委员会组成人员应当就会议议题做好审议准备。

常务委员会会议举行时，常务委员会组成人员应当认真审议各项议案、报告和其他议题，发表意见，做好各项工作。

第十五条　常务委员会组成人员在常务委员会全体会议、联组会议和分组会议上的发言，应当围绕会议确定的议题进行。

第十六条　出席会议的常务委员会组成人员应当履行参加表决的法定职责，并服从依法表决的结果。

会议主持人宣布议案交付表决后，常务委员会组成人员不得再对该议案发表意见，但与表决有关的程序问题除外。

第十七条　常务委员会组成人员应当密切联系群众，通过各种形式听取群众意见和要求，向常务委员会反映情况，做到民有所呼、我有所应。

常务委员会组成人员应当严格落实常务委员会组成人员联系全国人大代表的制度要求，加强与基层全国人大代表的联系，充分听取、吸纳和反映全国人大代表的意见和建议。

第十八条　常务委员会组成人员应当加强和改进调查研究，深入实际、深入基层、深入群众，努力掌握实情、找准问题，使各项工作接地气、察民情、聚民智、惠民生。

常务委员会组成人员应当依照规定参加常务委员会组织的执法检查、视察和调研活动；参加执法检查、视察和调研活动，可以提出建议、批评和意见，但不直接处理问题。

常务委员会组成人员参加执法检查、视察和调研活动，应当严格落实党中央规定要求，减少陪同人员，厉行勤俭节约。

第十九条　参加专门委员会的常务委员会组成人员，应当积极参加专门委员会的工作，遵守专门委员会的工作规则和制度。

第二十条　常务委员会组成人员应当保守国家秘密和工作秘密。凡属规定不应当公开的内容，不得以任何方式传播。

第二十一条　常务委员会组成人员在外事活动中，应当模范遵守外事纪律，维护国家尊严和利益。

第二十二条 常务委员会组成人员应当积极宣传人民代表大会制度，讲好中国民主故事、中国法治故事。

第二十三条 常务委员会组成人员严重违反本守则的，应当向委员长会议作出书面检查。常务委员会组成人员违法违纪的，依照法律和有关规定作出处理。

第二十四条 本守则自公布之日起施行。

/ 第五章 /

地方人大及其常委会自身建设

人大自身建设是坚持和完善人民代表大会制度的重要内容，是人大及其常委会履行职责、做好工作的重要保证，对于充分发挥地方国家权力机关职能作用、增强人大工作实效至关重要。在党中央和全国人大的关心支持下，地方人大把加强自身建设摆在重要位置，积极适应民主法治建设和人大工作发展新形势，不断加强自身建设，持续提高工作水平，为切实履行宪法法律赋予的各项职责、推动人民代表大会制度与时俱进和地方人大工作创新发展，奠定了坚实的基础、提供了有力的保障。

　　回顾地方人大及其常委会自身建设的发展历程，总结人大自身建设的工作经验和创新做法，对于提升地方人大工作质量和水平，拓展和丰富人民代表大会制度的时代特色、实践特色，推动人大工作高质量发展具有重要意义。

第一节　改革开放前地方人大组织建设

一、1953 年选举法确定的地方各级人大代表名额

　　1953 年选举法根据确定地方各级人大代表名额的原则，分别规定了它们的代表名额。具体情况如下。

　　第一，基层政权单位的人大代表名额

乡、镇代表名额为 15 人至 35 人；市辖区代表名额为 35 人至 200 人。"乡、镇、市辖区等基层政权单位的代表名额不宜过多。因为基层单位的会议间隔短，具体问题多，如果代表人数过多，很难周密地讨论问题和解决问题，而且要耗费过多的人力和时间。"[1]

第二，县人大代表名额

县人大代表名额为 100 人至 350 人，最多不得超过 450 人。县级人大代表名额也不宜太多，"因为县级政权接触的问题也比较具体，每年开会次数不宜过少，有时还要召集临时会议，当然代表人数过多是不便利的"[2]。

第三，省、市人大代表名额

省人大代表名额为 100 人至 500 人，最多不得超过 600 人；市人大代表名额最少不得少于 50 人，最多不得超过 800 人。省、市人大代表名额比较多，因为它们管辖范围较广，"涉及问题较大，必须有适当的名额才能容纳各方面各地区的代表，才便于处理比较复杂的问题。省开会次数较少，市容易召集会议，所以人数虽然较多，但并没有大碍"[3]。

---

[1] 邓小平：《关于〈中华人民共和国全国人民代表大会及地方各级人民代表大会选举法（草案）的说明〉》，《邓小平文集（一九四九——一九七四）》中卷，人民出版社 2014 年版，第 60 页。

[2] 邓小平：《关于〈中华人民共和国全国人民代表大会及地方各级人民代表大会选举法（草案）的说明〉》，《邓小平文集（一九四九——一九七四）》中卷，人民出版社 2014 年版，第 60 页。

[3] 邓小平：《关于〈中华人民共和国全国人民代表大会及地方各级人民代表大会选举法（草案）的说明〉》，《邓小平文集（一九四九——一九七四）》中卷，人民出版社 2014 年版，第 61 页。

二、关于设立地方人大常委会的探索

县级以上地方人大设立常委会从最初的研究论证，到最终的决定和设立，历经"四次酝酿、三次搁置"的曲折过程。

（一）第一次被"搁置"

1954 年制定宪法时，一些学者提出地方各级人大也应当同全国人大一样设立常委会，但这个意见没有被宪法起草委员会采纳，这是第一次被"搁置"。

根据 1954 年宪法的规定，由地方各级人民委员会即地方各级人民政府，作为同级人民代表大会的执行机关，地方各级人大没有设立常委会。针对有种意见认为地方各级人民代表大会也应当同全国人民代表大会一样设立常委会，刘少奇同志在关于宪法草案的报告中作了解释说明。他指出："全国人民代表大会工作的繁重，当然不是地方各级人民代表大会所能够比的。全国人民代表大会行使国家的立法权，地方各级人民代表大会没有这方面的职权。而且越是下级的人民代表大会，因为地区越小，就越易于召集会议。所以地方各级人民代表大会不需要在人民委员会以外再设立常务机关。"而且，"如果另外设立人民代表大会的常务机关，反而会使机构重叠，造成不便"[1]。

（二）第二次被"搁置"

在实践中，由于人民代表大会不便于经常开会行使国家权力，一般一年只开一次会，而地方人大没有专门的常设机关，在

──────────

〔1〕 刘少奇：《关于中华人民共和国宪法草案的报告》，全国人大常委会办公厅、中共中央文献研究室编：《人民代表大会制度重要文献选编》（一），中国民主法制出版社、中央文献出版社 2015 年版，第 229—230 页。

闭会期间无法开展经常性工作，也难以对同级政府工作进行日常监督，会影响地方国家权力机关作用的发挥。因此，必须建立一个使人民代表大会职权行使、作用发挥经常化的常设机构。当时，党中央和毛泽东同志对扩大民主、健全法制和加强人民代表大会的工作非常重视，党的八大又确定了扩大人民民主、健全社会主义法制的战略方针。

在这样的背景下，彭真同志直接领导进行了一场关于健全人民代表大会制度的研究和探索，重点是人大及其常委会如何围绕立法和监督两项中心任务加强经常性的工作。

这次探索，一方面，总结我国各级人民代表大会工作的情况和经验，分析存在的问题，寻找解决的方案；另一方面，注意搜集、整理外国议会，主要是苏联最高苏维埃和东欧一些国家议会开展工作的情况，以资借鉴和参考。彭真同志通过对苏联各级苏维埃常设委员会的组织和工作情况的考察，认为我国地方人大也需要有常设机构来加强对政府工作的监督。在广泛酝酿、深入探讨的基础上，1957 年 5 月，一份关于健全我国人民代表大会制度的几点意见的报告，以全国人大常委会机关党组的名义正式报彭真同志并上报中央。

报告中提出了健全人民代表大会制度的具体方案，其中一项主要内容就是建立县级以上地方各级人大常委会和常设委员会，以加强对地方各级国家行政、审判、检察机关的监督，包括：（1）为进一步改善地方各级人大工作，加强对地方其他各级国家行政、审判、检察机关的监督，县以上地方各级人民代表大会一律设立常务委员会。地方人大常委会建立后，原由同级人民委员会行使的一部分职权，划归地方人大常委会，并对地方各级人大常委会的职权提出了具体方案。（2）为便于集中代表所反映的群众意见和要求，便于对若干方面的问题进行深入系统的研究，省、自治区、直辖市人民代表大会可以根据工作需要，设立若干委员会；县、市人大常委会可以设立若干小组或由常委会委员分工办事，并对委员会的任务、组成等提出了具体意见。在起草这份报告的同时，也开始研究并着手修改宪法和人民代表大会组织法的前期准备工作。但报告送出不久，由于特殊历史时期原因，健全人民代表大会制度的方案，包括地方人大设立常委会的设想又一次被"搁置"。

（三）第三次被"搁置"

1965 年，为完善地方政权体制、发挥地方人大作用、加强对政府和司法机关的监督，全国人大常委会在各方面取得共识的前提下，再次提出县级以上地方各级人大设立常委会的问题。但"文化大革命"爆发，地方人大设立常委会的方案第三次被"搁置"。

在此后十余年里，扩大社会主义民主、健全社会主义法制的探索遭受重大挫折。

第二节　改革开放新时期
县级以上地方人大设立常委会

县级以上地方人大设立常委会，是发展和完善人民代表大会制度的一个重要举措，在人大自身建设历程中具有里程碑意义。

一、宪法和法律首次明确县级以上地方人大设立常委会

1978 年底召开的党的十一届三中全会，总结了历史经验，特别是"文化大革命"的沉痛教训，在作出把党和国家的工作重点转移到现代化建设上来的同时，提出发展社会主义民主、健全社会主义法制，使国家民主生活制度化、法律化的任务，表明全党对社会主义民主和法制建设重要性的认识产生了一次历史性的飞跃，它为人民代表大会制度的建设和发展奠定了良好的基础。

人民代表大会制度建设和人大工作进入了一个新的发展阶段，1957 年提出的关于健全人民代表大会制度的方案在搁置了多年之后，终于重见天日。1979 年 5 月，全国人大常委会法制委员会主任彭真在给中央汇报的时候，提出了三个建议方案：（1）用立法手续把革命委员会体制固定下来；（2）取消革命委员会，恢复人民委员会；（3）县以上地方各级人大设立常委会，恢复人民委员会作为行政机关。最后，邓小平等同志建议按第三方案来修改选举法和地方组织法。

1979 年 6 月，五届全国人大常委会第八次会议通过了县以上地方各级人大设立常委会和取消地方各级革命委员会的议案。6 月底，五届全国人大二次会议在北京举行，全国人大常委会副委员长彭真在会议上作了关于七个法律草案的说明，七个法律草案中就包括了地方组织法草案。他指出，这次提出的地方组织法草案和选举法草案，是"为了扩大人民民主，加强和健全社会主义法制，保证和便于九亿人民管理国家大事，同时进一步发挥地方

的积极性，适应全国工作着重点的转移和经济体制改革的需要"[1]，对地方政权组织和选举制度作了一些重要改革。

7月1日，五届全国人大二次会议审议通过关于修正宪法若干规定的决议和地方组织法，明确规定县级以上地方各级人大设立常委会，同时充实完善了地方人大及其常委会的职权。对于地方各级人民代表大会来说，地方组织法是除宪法外，最具有总括性、建构性的法规，为地方各级人民代表大会的组织完善、能力提高和作用的有效发挥提供了制度性保障。新的地方组织法对于地方人大建设，作出了两个重大改进：一是在制度上明确了地方的基本权力机构以及产生的方式。在县级以上各级地方设立人民代表大会及其常务委员会。它们是地方的国家权力机关。地方人民政府是地方的行政机关，组成人员由地方人民代表大会及其常务委员会选举、任免和罢免，向其负责并报告工作。二是明确了地方人民代表大会及其常务委员会的权力，并将其提升到"扩大地方权力，发挥中央与地方两个积极性"的高度。

1979年9月，五届全国人大常委会第十一次会议通过了《关于省、自治区、直辖市可以在1979年设立人民代表大会常务委员会和将革命委员会改为人民政府的决议》。之后又通过有关决议，提出"省、自治区、直辖市如果能够做好准备工作，也可以在一九七九年召开人民代表大会，设立人民代表大会常务委员会和将革命委员会改为人民政府"。

1979年8月14日，西藏自治区三届人大二次会议选举产生西藏自治区三届人大常委会，这是我国第一个省级人大设立常委会；8月28日，青海省五届人大二次会议选举产生青海省五届人

---

〔1〕　彭真：《关于七个法律草案的说明》，彭真：《论新时期社会主义民主与法制建设》，中央文献出版社1989年1月版，第3页。

大常委会。之后，新疆、河南、北京、江苏等20个省（区、市）人大陆续设立常委会，另外7个省（区、市）在1980年设立人大常委会。设区的市、自治州人大常委会基本上也都在1980年内建立起来。1979年下半年，在县、自治县、不设区的市和市辖区进行人大代表直接选举试点的基础上，首批66个县级地方人大常委会在试点中产生了。全国范围内的县级直接选举工作在1980年下半年全面展开，到1981年底，全国的2756个县级行政单位，先后都在直接选举的基础上召开人大会议，建立县级人大常委会。

二、重大意义

县级以上地方人大设立常委会，这是我国地方政权建设的一个重大改革，也是健全人民代表大会制度的一个重要举措。彭真同志指出："由于这个改革，在全国县以上各级地方范围内，人民经过自己的代表、代表大会和它的常务委员会，将大大加强对县以上地方各级人民政府的管理和监督，大大加强自己行使管理国家的权利。"[1]

对于地方人民代表大会来说，常设机构有两个重要意义：一是它在地方人民代表大会闭会期间可以代行人民代表大会的部分职能，使地方国家权力机关能经常发挥其法定职能作用，改变了过去地方人民代表大会不设常设机关而由政府代行闭会期间职权的"议行合一"的做法，从而为地方人民代表大会从年度议事机构切实转变为地方最高国家权力机关提供了组织支持。二是随着

---

〔1〕 彭真：《关于七个法律草案的说明》，彭真：《论新时期社会主义民主与法制建设》，中央文献出版社1989年1月版，第3—4页。

改革开放的深入，地方社会经济生活更加复杂，国家权力机关将面临越来越多的事务，地方国家权力机关设立常设机构，既顺应了社会经济发展的新要求，也是对地方行政司法机构职能增加、作用加强的制度性回应。这种制度性回应体现了中国政治制度中"一切权力属于人民"的基本原则，也丰富了人民代表大会是最高国家权力机关、其他国家机构都是由它产生出来的基本制度框架。地方人大设立常委会极大加强了地方国家权力机关的工作和建设，为更好地坚持和完善人民代表大会制度夯实了基础。从此，人民代表大会制度进入了重建发展的新的历史时期，地方人大自身建设进入了全新的发展轨道。

第三节　不断加强地方人大 及其常委会组织建设

地方人大及其常委会是地方国家权力机关，是我国地方国家政权的重要基础，在推进国家治理体系和治理能力现代化中具有重要的基础性地位。40 年来，地方人大及其常委会组织制度建设适应时代发展和实际工作需要，取得显著成就。

一、地方人大及其常委会组织制度建设

（一）县级以上地方人大设立常委会

1979 年 7 月，五届全国人大二次会议审议通过了关于修正宪法若干规定的决议和地方各级人民代表大会和地方各级人民政府

组织法，规定县级以上地方各级人大设立常委会。

（二）明确地方人大代表和常委会组成人员名额

1979年选举法没有规定地方各级人大代表的名额，而是授权省级人大常委会自行确定名额数，并报全国人大常委会备案。为防止地方人大代表名额数过多，1995年八届全国人大常委会第十二次会议修改选举法，明确地方各级人大代表的名额基数和增加比例，并规定省级人大代表的具体名额由全国人大常委会确定，设区的市、自治州和县级人大代表的具体名额由省级人大常委会确定，报全国人大常委会备案；乡级人大代表的具体名额由县级人大常委会确定并报上一级人大常委会备案，名额一经确定，原则上不再变动。1997年，八届全国人大常委会第二十五次会议通过关于省（区、市）人民代表大会代表名额的决定，依法确定省级人大代表的名额数，使省级人大代表名额规范化、制度化。2010年修改选举法，又适当提高了乡镇人大代表名额的上限，将不得超过130名的规定修改为"代表总名额不得超过160名"。

1979年地方组织法对地方各级人大常委会组成人员名额作了明确规定，其中省（区、市）35名至65名，人口特多的省不超过85名；自治州、市13名至35名，人口特多的市不超过45名；县、自治县、市辖区11名至19名，人口特多的县、市辖区不超过29名。1995年八届全国人大常委会第十二次会议对地方人大组织法进行修改，对"人口特多"进行了明确界定，即省级8000万以上、设区的市级800万以上、县级100万以上为"人口特多"。2004年十届全国人大常委会第十二次会议修改地方组织法，增加规定设区的市级、县级人大常委会组成人员名额。2015年十二届全国人大常委会第十六次会议对地方组织法进行修改，规定县级人大常委会组成人员名额从 15 至 27 名修改为 15 至 35 名，人口超过 100 万的，修改为不超过 45 名。

（三）完善地方人大专门委员会设置

1982 年宪法没有对地方人大设立专门委员会作出明确规定。此后，少数省级人大相继尝试设立若干个专门委员会。1986 年六届全国人大常委会第十八次会议修改地方组织法，第一次明确规定："省、自治区、直辖市、自治州、设区的市的人民代表大会根据需要，可以设法制（政法）委员会、财政经济委员会、教育科学文化卫生委员会等专门委员会。各专门委员会受本级人民代表大会领导；在大会闭会期间，受本级人民代表大会常务委员会领导。"2015 年十二届全国人大常委会第十六次会议对地方组织法进行修改，明确县、自治县、不设区的市、市辖区的人民代表大会根据需要，可以设法制委员会、财政经济委员会等专门委员会。改革开放以来，地方人大专门委员会从无到有，工作力量不断加强，有效助力地方人大及其常委会行使职权。

（四）加强乡镇人大组织建设

2015 年 6 月，中共中央转发《中共全国人大常委会党组关于加强县乡人大工作和建设的若干意见》，除了增加县级人大常委会组成人员名额，明确县级人大常委会实行专职配备，设立专门委员会等内容，还对乡镇人大组织建设提出明确要求。根据该若干意见精神，十二届全国人大常委会第十六次会议修改地方组织法，对这方面内容作出规定：（1）明确乡镇人大主席团在闭会期间的职责，增加规定乡镇人大主席团每年选择若干关系本地区群众切身利益、群众普遍关注的问题，有计划地安排代表听取和讨论本级人民政府的专项工作报告，对法律、法规实施情况进行检查，开展视察、调研等活动；听取和反映代表和群众对本级人民政府工作的建议、批评和意见。（2）明确人大常委会在街道设立工作机构，增加规定市辖区、不设区的市的人大常委会可以在街道设立工作机构，负责联系辖区内的人大代表，组织代表开展活动，反映代表和群众的建议、批评和意见，办理本级人大常委会交办的监督、选举以及其他工作。

二、地方人大自身建设的发展历程

地方人大设立常委会以来，把加强自身建设作为推进各项工作的重要抓手，坚持以马克思列宁主义、毛泽东思想、邓小平理论、"三个代表"重要思想、科学发展观、习近平新时代中国特色社会主义思想为指导，持续提高履职能力和水平，集中在完善制度、健全组织等方面取得显著进展，以人大自身建设新成效推动人大工作不断取得新进步。主要历经了四个发展阶段。

（一）初创探索阶段：20 世纪 70 年代末至 80 年代中期

1979 年，五届全国人大二次会议通过了修正宪法的决议和地方组织法，为地方人大制度的恢复提供了法律依据。1981 年，党的十一届六中全会通过的《关于建国以来若干历史问题的决议》在总结历史教训的同时指出，"逐步建设高度民主的社会主义政治制度，是社会主义革命的根本任务之一。建国以来没有重视这一任务，成了'文化大革命'得以发生的一个重要条件，这是一个沉痛的教训"。"必须根据民主集中制的原则加强各级国家机关的建设，使各级人民代表大会及其常设机构成为有权威的人民权力机关"。决议为人大及其常委会的建设指明了方向。自此，地方人大及其常委会的自身建设不断推进、日趋完善。

在制度建设方面：地方人大及其常委会的制度建设归纳起来

主要有四个方面的内容：一是会议制度，主要有地方人民代表大会议事规则、地方人大常委会议事规则、主任会议议事规则、专门委员会议事规则等；二是行使职权的程序，主要有制定和批准地方性法规的规定、监督条例、工作评议办法、决定重大事项的规定、人事任免办法等；三是工作制度，主要有乡镇人大工作条例、信访条例、议案处理办法、与人大代表联系制度、地区人大工委工作条例、人大与政府两院联席会议制度等；四是人大常委会成员守则。多年来，这些制度的建立和完善使得地方人大及其常委会的工作逐步走向程序化、规范化。

1979 年通过的地方组织法赋予省级人大及其常委会制定地方性法规的权力，地方立法工作逐步开展起来，经常进行人事任免工作，所以经过较短期的实践，各地首先制定了行使地方立法权和人事任免程序，这些条例较好地贯彻了民主集中制的原则，它的实施使建立不久的地方人大常委会在行使职权时有法可依，既保障了常委会成员的民主权利，又提高了议事效率，也为以后人大的制度建设提供了经验。各地也建立了学习、培训制度，定期组织地方人大常委会成员学习有关理论、法律和业务知识，这是改善人大常委会成员知识结构的重要途径。尤其是坚持把学习党的创新理论、学习宪法和有关法律作为自身建设的首要任务，组织常委会成员开展集中学习培训，提高大家对人大性质、地位、作用的认识，掌握人大工作必备的知识和方法，这都有利于提高地方人大常委会履行职权的能力和议事水平。

在组织建设方面：加强人大自身建设，最重要的是加强人大及其常委会的组织建设。为了能够适应依法履职的要求，地方各级人大及其常委会主要从优化组成人员结构、加强机构设置等方面加强组织建设。

地方各级人大常委会组成人员由本级人民代表大会在代表中选举主任、副主任若干人和委员若干人组成。常委会组成人员的结构，关系到人大常委会依法履职的质量和水平。1979 年地方组织法规定，县级以上地方各级人大常委会组成人员不兼任本级人民政府、人民法院、人民检察院的组成人员。1982 年宪法进一步规定，各级人大常委会组成人员不得担任行政机关、审判机关和检察机关的职务。这实际上将使相当数量的委员专职化。但从地方人大常委会最初设立时的情况看，只有部分主任、副主任是专职的，专职委员数量极少。常委会委员多数是各方面的负责人或基层单位的模范、先进人物，忙于本职工作的多，在人大工作方面投入的精力相对较少。地方人大常委会建立初期，因为特殊的历史背景，当时提出在"人大常委会中，老同志可以多些，也需要他们作为领导骨干"，因而改革开放后的较长一段时间里，地方人大常委会组成人员的高龄化问题比较突出，尤其常委会主任、副主任以党政部门退下来的老同志居多，以至于社会上很多人把人大工作视为"二线"，由于领导班子没有形成梯形结构，每次换届后人大工作的连续性和稳定性受到影响。

地方各级人大相继设立常委会后，机构建设被提上了重要议事日程。当时，由于法律没有明确规定，中央没有统一要求，又没有历史经验可供借鉴，各地对设置什么机构、设置多少机构、配备多少人员等都心中无数。1979 年地方组织法明确规定，常委会根据工作需要设立办事机构。中共中央又在 1981 年要求各地党委根据人大及其常委会开展工作的需要，本着精干节约、逐步充实的原则，及时解决人大及其常委会的工作办事机构、人员编制和经费问题。因此，地方人大常委会刚建立时一般只有一个综合性的办事机构，一些省级和市级人大常委会根据自己的实际情况和需要，设立了二三个专门性的办事机构，如法制工作室、财经工作室、农村工作室、文教工作室、城建工作室等。这些机构，在各省之间差别很大，省、市、县的设置也不尽相同，即使同一行政级别或履行相同职能的机构的设置和名称也都千差万别。

　　人大专门委员会是人大的重要常设工作机构。地方人大专门委员会的建设经历了一个从无到有、从少到多、从不规范到相对规范的历史过程。1957 年，全国人大常委会提出的健全人民代表大会制度的几点意见的报告，曾提出省级人大可以设立委员会的建议，但未能落实。1982 年宪法为加强全国人大组织建设，对全国人大设立专门委员会作出明确规定。对地方人大设立专门委员会的问题，考虑到各地实际情况不相同，实践经验也不多，暂时没有作出统一规定。但是全国人大设立的专门委员会为地方人大提供了可借鉴的样本。1983 年，彭真委员长在六届全国人大常委会第一次会议上提出了三条原则：一是根据实际情况和需要，需要就设，不需要就不设，或者缓设；二是全国人大设立专门委员会，省级人大不必对口，因为情况不一样；三是开始宁可少设一点，精干一点，以后在工作过程中，如果需要可以再考虑增加。从后来地方人大设立专门委员会的情况来看，基本上遵循了上述原则。1983 年人大换届选举，在并无法律规定的情况下，上海市人大及湖南、江西等省级人大参照全国人大，率先探索设立了若干专门委员会。1986 年修改地方组织法，第一次明确规定："省、自治区、直辖市、自治州、设区的市的人民代表大会根据需要，可以设法制（政法）委员会、财政经济委员会、教育科学文化卫生委员会等专门委员会。"这为地方人大设立专门委员会提供了法律依据。此后，省级人大及其常委会的机构除办公厅外，还设几个专门委员会（承担立法任务的机构大多是专门委员会）和几个工作委员会，如法制、财经、教科文卫、民宗侨、农村等，机构的多少、专门委员会的数量都因地因时而异。专门委员会按一定的专业分工设置，汇集了一批有专业知识的人大代表、常委会组成人员，对一些重大问题进行深入研究，向本级人大及其常委会提出意见、建议，使本级人大及其常委会作出的决定更加正确。20 世纪 80 年代初期，也有一些省、自治区开始在地区设立人大工作委员会，作为省级人大常委会的派出机构，以加强省、县两级人大之间的联系，协助省级人大开展对地区行政公署和设在地区的司法机关的监督工作。

市级人大设立常委会较早的地区，很多都只设办公室，如山东济南市人大常委会、河南开封市人大常委会分别在 1979 年和 1980 年成立，当时都只设办公室，并在办公室内设秘书、行政、代表联络等科。吉林长春市人大常委会初建时仅设办公室、法制办公室、人事办公室和经济办公室四个机构。此后，市级人大常委会一般都设立了办公室和法制、财经、教科文卫和城乡建设工作委员会，但绝大多数地方都是工作委员会，而不是专门委员会。各委员会没有包含的职权主要由办公室代行。此后新设立常委会的，大多按"一室四委"的模式设置，办公室为综合办事机构。原来只设办公室或几个工作室的，也逐步作了修改，如山东济南市、湖南衡阳市分别在 1983 年 4 月和 12 月将原有的机构改设为办公室和法制、财政经济、教育科学文化卫生、城市建设四个工作委员会共五个机构。江苏无锡市在 1984 年将原来的几个工作小组改设为办公室和财经、教科文卫、城建、法制四个工作委员会。

在 1979 年至 1982 年间，许多县级人大常委会最初设立机构时，一般也只设办公室，如陕西白水县、河南汝阳县、江苏射阳县、重庆大足县等；或设办公室并内设秘书科、调研科、行政科等机构，如江苏赣榆县；也有设办公室和其他科（组）的，如湖北京山县设办公室、代表联络科、政务科、法制科，宁夏盐池县设办公室、法制组、代表联络组等，一般设 3 至 5 个或稍多一些。

这一阶段，地方各级人大常委会才设立不久，人们在思想上还不适应，有关方面对人大常委会不重视，认为多一个机构就多一份负担，在人财物诸多方面均不愿支持，人大常委会机构设置、人员编制、工作条件等受到很大的限制。同时，由于地方人大常委会的工作刚刚起步，无现成经验可循，故而工作面较窄，工作量较小，工作的方式也较单一。尽管机构不健全，人员编制偏少，但基本能保证人大常委会运转的需要。

这一阶段，机构设置的主要特点：一是机构较少；二是名称各异；三是职责交叉，如"三农"方面的职能，属于经济方面的工作由财经委员会负责，属于农村建设方面的则由城乡建设委员会负责，职责难分清，易出现"空白"地带；四是人员偏少，县级人大常委会工作人员一般在 10 至 20 人，市级一般在 20 至 30人，省级虽多一些，但也都是逐步增加的。尽管如此，地方各级人大常委会仍然克服困难，以较高的热情积极开展各项工作，努力行使宪法和法律赋予的职权。

（二）调整充实阶段：20 世纪 80 年代中后期至 90 年代中期

与初创阶段相比，这一时期的民主法制和人民代表大会制度建设受到了更高程度的重视。1987 年，党的十三大报告指出："人民代表大会制度是我国根本的政治制度。近年来，各级人大的工作取得了很大进展，今后应继续完善人大及其常委会的各项职能，加强立法工作和法律监督。"1990 年，党的十三届六中全会要求"坚持在深化政治体制改革中，加强社会主义民主和法制建设"，并再次强调"人民代表大会制度是我国的根本政治制度。党要加强在人民代表大会中的工作，进一步发挥人大作为权力机关的作用，加强人大及其常委会的立法和监督职能"。1992 年，邓小平同志发表南方谈话，党的十四大确立了社会主义市场经济体制改革的目标，同年出台的代表法开始规范代表履职行为。1994 年 9 月 15 日，乔石同志在首都各界代表纪念人民代表大会成立四十周年大会上发表讲话指出："人民代表大会制度是适合我国国情的根本政治制度，要进一步坚持和完善人民代表大会制度，更好地发挥国家权力机关的作用。"这些都对坚持和完善人民代表大会制度、发挥国家权力机关的作用，具有重要的现实意义和深远的历史意义，为进一步加强地方人大自身建设创造了条件。随着社会各界对民主法制和人民代表大会制度建设日益重视，人大的地位逐步得到尊重。实践中，地方各级人大及其常委会认真行使职权，积极实践、大胆探索，人大工作的领域有了进一步拓展，工作的方法有了进一步改进，地方各级人大及其常委会的工作机制和内部组织更为完整，地方人大建设也随之取得长足发展，有助于国家权力机关对日益增多且复杂化的社会经济等事务的适应和应对。

在制度建设方面：1986 年 12 月，六届全国人大常委会第十八次会议对地方组织法进行第二次修正，对地方各级人民代表大会的会议机制进行了规范化设计。县级以上地方各级人民代表大会举行会议的机制是这样的：首先要举行预备会议，选举本次会议的主席团和秘书长，通过本次会议的议程和其他准备事项的决定；预备会议由地方各级人民代表大会常务委员会主持，而每届人民代表大会第一次会议的预备会议，则由上届本级人民代表大会常务委员会主持；正式会议召开后，由主席团主持会议；主席团还可以决定大会的副秘书长人选。乡镇级人民代表大会举行会议的时候，也要选举主席团，由主席团主持会议，并召集下一次会议。

修正的地方组织法完善了县级以上各级地方人大常委会的职权，并且进一步理清了它与其他国家机关的关系。县级以上地方各级人大常委会新增加三项职权：在本行政区域内，保证宪法、法律、行政法规和上级人民代表大会及其常务委员会决议的遵守和执行；撤销本级人民政府的不适当的决定和命令；在本级人民代表大会闭会期间，决定撤销本级政府副职和其他组成人员以及法院和检察院组成人员的职务。在完善人大常委会任免职权的同时，也进一步明确了常委会与所任命机关的关系。常委会要从"本级人民政府、人民法院、人民检察院副职领导人员中决定（正职）代理的人选"，而决定代理检察长，"须报上一级人民检察院和人民代表大会常务委员会备案"。要"决定本级人民政府秘书长、厅长、局长、主任、科长的任免"，须根据"省长、自治区主席、市长、州长、县长、区长的提名"。

修正的地方组织法还新增加了第五章附则：省级地方人民代表大会及其常务委员会"可以根据本法和实际情况，对执行中问题作具体规定"，即可以制定地方组织法在本地区的实施细则。早在1986年5月，山西省第六届人民代表大会第四次会议通过了《山西省市县区人民代表大会组织通则》，成为第一个这种形式的地方性法规。地方组织法修正后，有更多省级人大及其常委会制定了类似法规。1988年江西省通过了《江西省各级人民代表大会执行〈中华人民共和国地方各级人民代表大会和地方各级

205

人民政府组织法〉有关问题的暂行规定》，1989 年北京市通过了《北京市乡、民族乡、镇人民代表大会组织条例》，浙江省通过了《浙江省乡镇人民代表大会主席团组织条例》，1994 年黑龙江省通过了《黑龙江省人民代表大会专门委员会暂行条例》。这些地方性法规进一步贯彻地方组织法的立法精神和原则，针对本地具体情况作出了专门规定，有利于解决具体问题，规范地方和基层人大的工作。1987 年 11 月和 1989 年 4 月，全国人大常委会和全国人民代表大会先后通过颁布的全国人民代表大会常务委员会议事规则、全国人民代表大会议事规则，也对地方人大及其常委会产生了积极的影响。从 1988 年到 1991 年，全国 22 个省级人大常委会先后制定了议事规则，有 10 多个省级人民代表大会制定了议事办法，对地方人大及其常委会召开会议、提出和审议议案、听取和审议工作报告、选举、辞职和罢免、询问和质询、特定问题调查、会议发言和表决等分别作出了具体规定，成为地方人大民主决策、提高议事效率的重要制度。在此基础上，地方人大逐步建立完善了一套有利于发扬民主、提高工作质量和效率的规章制度。

在组织建设方面：地方组织法第二次修改后的这一阶段，省、市、县三级人大的组织建设，无论是组成人员的结构，还是机构的数量和形式，都朝着有利于加强人大工作的方面发展。

修正后的地方组织法对县级以上各级地方人大常委会的组成人员进行了详细规定，县、自治县、不设区的市、市辖区的人民代表大会常务委员会由本级人民代表大会在代表中选举主任、副主任若干和委员若干组成，除了这些人员，还包括秘书长。常委会主任因为健康情况不能工作或者缺位的时候，常委会要从副主任中推选一人代理主任职务，直到主任恢复健康或者人民代表大会选出新主任为止。随着地方人大及其常委会开始设立工作委员会和专门委员会，专职委员的数量逐步增加。据统计，1987年县级以上地方人大常委会换届后，新一届省、市一级人大常委会专职委员一般占三分之一左右，县级人大常委会专职委员的比例也有所增加，到1992年，全国30个省、自治区、直辖市人大常委会专职委员占常委会组成人员的平均比例为46.6%，最高的为69%。七届全国人大期间，彭冲副委员长总结经验时指出："不能把国家权力机关作为安排照顾的场所，要改变人大常委会的工作和组成人员是'二线'的观念。在常委会组成人员中有一定数量的经验丰富的老同志是必要的，年龄比政府部门高一点也是可以的，但必须能坚持正常工作；同时，也要有相当数量的年富力强的同志，还要注意吸收有一定专业知识的同志，使常委会组成人员的年龄结构和知识结构更趋合理。"党的十三大报告中明确提出，要加强人大常委会的组织建设，在逐步实现委员年轻化的同时，逐步实现委员的专职化。根据党中央和全国人大的这些要求，从20世纪80年代后期起，地方人大在换届时开始注意逐步改善组成人员的年龄结构，与1980年相比，人大常委会成员平均年龄有了明显下降，这有利于工作的连续性和稳定性。

由于日常工作渐趋繁重，人大常委会原有的机构、人员已经不能适应工作需要。修正的地方组织法明确了人民代表大会内部的委员会设置，细化了其内部分工。省级、自治州、设区的市的人民代表大会根据需要，可以设法制（政法）委员会、财政经济委员会、教育科学文化卫生委员会等专门委员会。这些专门委员会在本级人民代表大会及其常务委员会（闭会期间）领导下工作，其基本职能是"研究、审议和拟订有关议案；对属于本级人民代表大会及其常务委员会职权范围内同本委员会有关的问题，进行调查研究，提出建议"。此外，县级以上的地方各级人大常委会要设立代表资格审查委员会，可以组织对于特定问题的调查委员会。

地方各级人大在前几年实践摸索的基础上，根据修改后的地方组织法的规定，参照全国人大的做法，结合机构改革和实际工作需要，进一步调整和充实了机构，形成了地方各级人大现行机构设置的基本框架，并在调整中逐步得到加强。省级人大除在常委会设立办公厅、研究室及法制、外事、人事代表联络工委等办事机构外，一般还设立了与行政管理机构对口的内务司法、法制、财政经济、农业农村、城建环保、科教文卫等专门委员会。主要机构的设置，各省、自治区、直辖市基本一致。另外，一些地方根据实际情况，设立了有地区特征的机构，如福建设立了华侨台胞委员会，广西、云南设立了民族委员会，内蒙古设立了农牧业委员会等。

市级人大一般都设立了办公室和内务司法、财政经济、教科文卫、人事代表联络等委员会，有地方立法权的市还设有法制委员会。所设立的这些委员会中，有的地方作为工作委员会，有的地方作为专门委员会，因时因地而异，同一地方在不同时期也有差别。如山东省潍坊市人大在 1988 年换届时设立了专门委员会，但在 1993 年换届时又将专门委员会全部撤销，重新在人大常委会设立了工作委员会。在 1998 年换届时，除山东省曾对全省各市人大设立专门委员会作过统一要求外，江苏等省则不作具体要求，一般由各市自行决定。从总体上看，人大专门委员会的数量比以前大大增加。为加强对民主法制建设和人大制度、人大工作的理论研究工作，不少市人大常委会还增设了研究室（调研室）。不同的是，有的研究室设在办公室内，有的则与办公室平级。同时，各地设立机构时对其职责规定也不甚明确。如不少地方财经工作委员会的职能就比较庞杂，甚至涵盖了城乡建设、环境保护、农村工作等诸多方面，后来部分职能逐渐从中分离出来，由新设立的与财经委员会平级的机构承担。这些机构有的是城乡建设环境资源保护委员会，有的是农业与农村委员会，并配备了相应的人员。机关人员名额也相应增加，市级人大常委会工作人员行政编制一般在 40 至 70 人之间，县级一般在 15 至 30 人之间，人员素质也有了进一步提高。

县级人大常委会机构设置最大的变化，主要有三个方面：一是不少地方人大将刚设立时的科（办公室、组）改为工作委员会，如宁夏盐池县、重庆云阳县、湖北京山县、江苏如东县等；二是部分地方将与"三农"有关的职能从财经工委和城乡工委内部分离出来，成立了专门工作机构——农村工作委员会；三是部分地方将城乡建设和环境保护、教科文卫、民族宗侨等的职能合在一起，建立社会事业工作委员会，如江苏省的大部分县（市、区）。新设立的机构，人员配备依然不足，有的只有主任一个人，成了"一人委"（由于县级人大秘书一般 2 至 4 人，大部分集中在办公室使用，仅是兼顾委员会的工作）。

1987 年，根据第二次修改的地方组织法有关规定，各乡镇先后召开新一届乡镇人民代表大会第一次会议，将乡镇人大主席团设为常设机构。各地依法陆续对乡镇人大主席团的机构设置、工作职责、经费来源作出规定，推动乡镇人大主席团工作正式起步。

这一阶段，地方人大机构设置表现出三个主要特点：一是基本为"行政模式"，与行政管理机构对口设立相应的机构，机构的数量有所增加，人大常委会的职权在各委的分工有所细化；二是专门委员会的数量有所增加；三是重视人大制度建设的理论研究工作，不仅省级人大常委会设立了研究室，大部分市级人大常委会也设立了职能相近的机构。

（三）巩固提升阶段：20世纪90年代中后期至党的十八大之前

到了20世纪90年代中后期，经过改革开放20多年的实践和探索，我国的政治、经济、社会发生了翻天覆地的变化，社会生活分工日益精细，社会事务日益复杂，民主法制建设的任务日益繁重。党的十五大报告指出，依法治国是党领导人民治理国家的基本方略。"实行依法治国，建设社会主义法治国家"被载入宪法。党的十六大报告再次强调要"坚持和完善人民代表大会制度，保障人民代表大会及其常委会依法履行职能"，并把建设社会主义政治文明与精神文明、物质文明一起作为全面建设小康社会的重要目标，对人大工作的要求也越来越高。在改革开放不断深化，市场经济逐步完善，人民群众对民主法制的要求日益提高的背景下，地方各级人大及其常委会工作更为活跃，在充分有效行使职权、加强自身建设方面进行了许多创新探索。

在制度建设方面：1995年，第三次修正的地方组织法，统一了县级以上各级人民代表大会的任期，由原来每届任期3年改为5年，从法律上提高了县级人大的地位；对选举权、质询权、特定问题调查权、地方各级人民代表大会常务委员会的组成等问题作了更加具体的规定。地方组织法第三次修正后，地方人大常委会的职权更为完整，组成结构更为完善。

这一阶段，不少省、自治区、直辖市的人大常委会根据市、县人大较长时期以来在行使监督权方面的实践，开展了地方监督立法工作，并取得了令人瞩目的成绩。到1998年，全国已有24

个省级人大或常委会制定了综合性的监督条例，有 8 个省级人大常委会制定了执法检查、评议、个案监督等专项监督法规，较好地把地方人大行使监督权方面的有益尝试和成功经验通过法规形式加以概括和肯定，使宪法和法律赋予地方国家权力机关的监督权具体化，有较强的适用性和可操作性。2005 年，中央 9 号文件成为新时期指导各级人大工作的纲领性文件。地方人大在制度建设上积极开拓和大胆实践，为探索社会主义体制下对公共权力进行制约积累了经验，也为人大工作高质量发展提供了有益的启示。

在组织建设方面：为了适应政治、经济、社会日益发展变化的需要，地方各级人大都把组织建设作为完善人民代表大会制度、加强人大工作的重要内容，并进行了积极探索。例如，2004年，地方组织法第四次修正，本次修正首次增加了地方人大常委会组成人员的法定人数。设区的市、自治州人大常委会组成人员名额的上下限和最高限，分别增加 6 名。县、自治县、不设区的市、市辖区人大常委会组成人员名额的上下限，分别增加 4 名。地方组织法修正后，地方各级人大注意通过换届，提高常委会组成人员的文化素质，江苏省人大常委会组成人员中大学以上学历的由五届人大的 46.3％提高到九届人大的 83.1％。

在常委会机构设置上进一步完善职能，强调专业化。例如，1998 年换届时，全国人大常委会为强化对财政预算工作的监督，增设了预算工作委员会。此后，大多数省、市级人大常委会都在财经工作委员会内部增设履行预算监督职能的专门处（室），少数地方还设立了预算工作委员会。随着时间的推移，各地人大及其常委会的机构设置已经进入相对稳定、统一阶段。到 2003 年 7月，全国 31 个省、自治区、直辖市，除青海省、西藏自治区外，

76%的省级人大设立了10至11个内设机构，最少的浙江设9个，最多的北京设15个。各省、自治区、直辖市均设立的机构主要有：综合办事机构办公厅、研究室（江西、广西、宁夏在办公厅内设研究室，广东、内蒙古未设研究室）；专门委员会主要为法制委员会和财经委员会，内司委、财经委、教科文卫委、农村委、城建环保委、民宗外委和人事代表委，各地不同，或作为专门委员会，或作为常委会工作委员会。当然，这些委员会的名称、职能在各地也不尽相同。此外，有13家在既有法制委员会的同时也有法制工作委员会。

从市级人大工作办事机构的设置来看，各地也较为稳定统一，特别是同一省份内的统一性更加明显。以江苏省为例，所辖13个市均设置了办公室、研究室和内务司法、财政经济、农村、城建环保、教科文卫、民族宗教侨务（有6个市将其与教科文卫委合署办公、1个市与内务司法委合署办公）、代表联络等2室7委，有立法权的四个市另设有法制委员会。

各县级人大常委会的机构设置基本为1室5委，即办公室和内务司法、财政经济、农村、代表联络、社会事业（包括城建环保、教科文卫、民族宗教侨务等诸方面）委员会。从所收集到的28个省、自治区、直辖市（除江西、新疆、西藏外）的62个市级人大、25个县级人大的资料综合来看，机构设置基本如此，同时由于地区、民族、历史沿革的不同，也略有差异。如青海海西州设立了法制民族委员会，其他少数地方设立了林业委员会、牧业委员会等。

这一阶段机构设置的主要特点：（1）相对稳定。总的来看，机构增减较少，前期主要是少数市、县级人大常委会增设了农村工作委员会等机构，后期主要是人员编制上略有削减，机构没有变动。如江苏省普遍削减了行政编制。但也有个别例外，如陕西延安市在 2002 年的机构改革中，所属 12 个县均由"一室四委"削减成"一室二委"，人员也大幅度减少。（2）职权行使的综合性。各委员会的工作内容虽有分工，但职责"大而全"，都行使工作监督、法律监督和人事监督等各项职权。（3）逐级仿效。下级人大一般都仿效上级人大设立职能相近的机构。（4）继续探索。针对现有机构之间工作职责交叉的现状，不少地方进行了大胆探索，设立与现有机构职能差别较大的机构，如海南、江苏南通市成立监督委员会或督办室，专门行使信访处理、个案监督、决议决定督办等项工作职能。

（四）全面加强阶段：党的十八大至今

党的十八大以来，以习近平同志为核心的党中央高度重视人大制度建设和人大工作，全面加强党对人大工作的领导，推动人大工作取得历史性成就。习近平总书记就社会主义民主政治建设、法治建设、人大制度和人大工作发表一系列重要论述，提出一系列新理念新思想新要求，形成习近平总书记关于坚持和完善人民代表大会制度的重要思想。这一重要思想是习近平新时代中国特色社会主义思想的重要组成部分，为新时代坚持和完善人民代表大会制度、加强和改进人大工作提供了根本遵循和行动指南。2021 年 10 月召开的中央人大工作会议，在党的历史上、人民代表大会制度史上都是第一次，在我国社会主义民主政治建设进程中具有里程碑意义。2021 年 11 月 2 日，党中央印发《关于新时代坚持和完善人民代表大会制度、加强和改进人大工作的意见》，这是新时代坚持和完善人民代表大会制度、加强和改进人大工作的纲领性文件。该意见指出，要全面加强人大及其常委会自身建设，使各级人大及其常委会成为自觉坚持中国共产党领导的政治机关、保证人民当家作主的国家权力机关、全面担负宪法法律赋予的各项职责的工作机关、始终同人民群众保持密切联系的代表机关。"四个机关"的定位和要求，为加强人大及其常委会自身建设指明了方向。地方各级人大及其常委会深入贯彻落实党中央决策部署，坚持以政治建设为统领，全面加强思想建设、组织建设、纪律作风建设，把制度建设贯穿其中，持续提高履职能力和水平。

在思想政治建设方面：地方人大始终把思想政治建设放在首位，坚持用习近平新时代中国特色社会主义思想武装头脑、指导实践、推动工作，不断提高领导班子、常委会组成人员和人大机关干部的政治理论素养，保证人大工作的正确政治方向。坚持把深入学习贯彻习近平新时代中国特色社会主义思想作为首要政治任务，党的十八大、十九大及历次中央全会等重要会议召开、重要文件下发，习近平总书记发表重要讲话、作出指示批示精神，都第一时间组织传达学习，把思想和行动统一到贯彻落实中央的决策部署上来。深入学习贯彻习近平总书记在庆祝全国人民代表大会成立 60 周年大会上发表的重要讲话、对地方人大及其常委会工作作出的重要指示、在中央人大工作会议上发表的重要讲话精神，开展集中学习交流。通过系统学习、专题研究、深入思考，坚定理想信念，提高政治站位，促进地方人大常委会及机关全体党员干部增强"四个意识"、坚定"四个自信"、做到"两个维护"，在思想上政治上行动上始终同以习近平同志为核心的党中央保持高度一致。坚定不移把坚持党的全面领导作为最高政治原则，地方人大常委会党组每年向同级党委汇报工作已形成制度性安排，人大工作中的重大问题和重要事项及时请示党委，每届党委任期内召开人大工作会议，对加强人大工作和建设进行部署安排。发挥党组在人大工作中把方向、管大局、保落实的重要作用，为坚持地方人大工作正确政治方向、贯彻落实党的理论路线方针政策和同级党委工作部署提供可靠保证。

在组织建设方面：2015 年地方组织法第五次修正，增加县级人大常委会组成人员名额，改为 15 至 35 名，人口超过 100 万的，修改为不超过 45 名。此后，各地普遍增加县级人大常委会组成人员名额，充实了一大批专业性人才，具有法律、财经、环保、农业、科技、社会建设等专业知识特别是具有法治实践背景的人员增多，文化程度不断提高，专业知识结构更趋合理，专职常委会组成人员比例不断扩大，大都达到了 50% 至 60%。有的地方县级人大常委会组成人员专职比例达到了三分之二左右。目前，地方各级人大常委会组成人员平均年龄总体上降低趋稳，能够连任的常委会组成人员达到一定比例（许多地方明确要求为三分之一），较好地保证了常委会工作的连续性和稳定性。近年来，一些地方还对人大常委会工作机构的负责人、下一级人大及其常委会主要负责人在常委会组成人员中占一定比例提出了明确要求。地方各级人大常委会组成人员结构不断优化，参政议政意识和能力明显增强，有力推动了地方人大常委会履职水平的提升。

根据中央人大工作会议精神和地方人大工作实际，2022 年 3 月，十三届全国人大五次会议对地方组织法进行第六次修正，完善了地方各级人大及其常委会的组织等相关规定。一是适当增加省、设区的市两级人大常委会组成人员名额。将省和设区的市两级人大常委会组成人员名额的上下限和最高限，分别增加 10 名。同时，明确地方人大常委会组成人员的名额，按人口多少并结合常委会组成人员结构的需要确定。这一规定，有利于进一步优化常委会组成人员结构，增加常委会组成人员的广泛性、代表性，充分发扬民主，加强地方人大常委会自身建设和工作。二是完善地方人大专门委员会和常委会工作机构的设置。（1）明确省、设区的市两级人民代表大会根据需要，可以设法制委员会、财政经济委员会、教育科学文化卫生委员会、环境与资源保护委员会、社会建设委员会和其他需要设立的专门委员会。（2）明确地方人大常委会根据工作需要，设立办事机构和法制工作委员会、预算工作委员会、代表工作委员会等工作机构；县、自治县人大常委会可以比照本法有关规定，在街道设立工作机构。这一规定，不仅是加强基层人大建设的重要举措，也有利于推进基层治理体系和治理能力现代化。

在纪律作风建设方面：人大常委会及机关作风直接关系到人大在人民群众中的形象和权威，地方各级人大高度重视作风建设，认真落实中央关于作风建设的部署要求，扎实推进常委会及机关作风持续向好，积极营造风清气正、干事创业的良好政治生态。严格执行中央八项规定及其实施细则精神，保证作风建设各项规定落地生根。按照中央和省委的统一部署，地方人大常委会党组和机关党组紧密结合人大工作实际，扎实开展党的群众路线教育实践活动、"三严三实"专题教育、"两学一做"学习教育、"不忘初心、牢记使命"主题教育和党史学习教育，深入查找存在的突出问题、仔细剖析根源、认真开展批评与自我批评、提出了具体整改措施、明确今后工作努力的方向。密切联系人大代表和人民群众，倾听人民群众的意见，回应人民群众的关切。畅通信访渠道，强化督查督办，努力解决群众遇到的现实问题。注重加强调查研究，使人大工作建立在深入了解民情、充分反映民意的基础上。不少地方建立了常委会领导基层联系点制度，加强常委会和基层人大的联系、指导。改进会风文风，加强机关建设管理，规范常委会组成人员和列席人员请假事由及程序，精简会议活动和文件简报，把更多精力放到重点工作的调查研究和推动落实上。认真落实全面从严治党要求，全面落实党风廉政建设责任制，严格履行"一岗双责"，严明党的政治纪律和政治规矩。

在制度建设方面：在不断总结人大工作经验、加强对人大工作规律性认识的基础上，努力完善人大常委会及机关各项制度，把地方人大工作的各个层面、各个环节纳入制度化、规范化轨道，并强化各项制度的落实，有力保障和促进了人大常委会及机关各项工作有序、协调、高效开展。为进一步加强党对人大工作的领导，许多地方制定了人大常委会党组工作规则，对常委会党组的工作原则、工作内容、工作纪律进行规范，明确了向同级党委请示报告制度、中心组学习制度、民主生活会制度、集体议事决策制度，以制度保证党组领导核心作用发挥。为深入贯彻党的群众路线，江苏等地制定了关于贯彻党的群众路线、密切与人民群众联系的意见，指导和推进人大工作不断向党的路线方针靠拢、向基层靠拢、向人民群众靠拢，以制度促进了学习教育成果转化。为加强和改进有关工作，更好依法履行职责，江苏出台了关于改进常委会会议审议工作提高审议质量，加强和改进地方人大立法、监督、代表工作，改进审计查出突出问题整改情况向人大常委会报告机制等系列工作制度，以制度改进了常委会工作质量。

第六次修正后的地方组织法贯彻党中央有关精神，总结地方实践经验，完善了地方人大及其常委会、主任会议、专门委员会的职权和工作制度。一是充实、细化常委会主任会议和专门委员会的职责。（1）明确专门委员会的任期、职责和工作，规定专门委员会每届任期同本级人民代表大会每届任期相同，履行职责到下届人民代表大会产生新的专门委员会为止；向本级人大主席团或者常委会提出议案，承担本级人大常委会听取和审议专项工作报告、执法检查、专题询问等具体组织实施工作，听取本级人民政府工作部门和监察委员会、人民法院、人民检察院的专题汇报，研究和督促办理代表建议、批评和意见，办理本级人大及其常委会交办的其他工作。（2）进一步明确和细化地方人大常委会主任会议的职责，具体列举主任会议处理常委会重要日常工作的事项。二是进一步完善了地方人大及其常委会的职能。（1）细化和补充地方各级人大常委会对国民经济和社会发展规划计划、预算决算的审查监督职能，增加规定：县级以上地方各级人大及其常委会审查和批准本行政区域内的国民经济和社会发展规划纲要及其调整方案；县级以上地方各级人大常委会监督本行政区域内国民经济和社会发展规划纲要、计划和预算的执行，审查和批准本级决算，监督审计查出问题整改情况；乡镇人大监督本级预算的执行，审查和批准本级预算的调整方案，审查和批准本级决算；县级以上地方各级人大及其常委会审查监督政府债务。（2）强化人大对国有资产管理情况进行监督的职能，增加规定：县级以上地方各级人大监督本级人民政府对国有资产的管理；县级以上地方各级人大常委会监督本级人民政府对国有资产的管理，听取和审议本级人民政府关于国有资产管理情况的报告。（3）充实细化地方人大常委会的职责，包括听取和审议有关专项工作报告，组织执法检查，开展专题询问；听取和审议本级人民政府关于年度环境状况和环境保护目标完成情况的报告；听取和审议备案审查工作情况报告。（4）健全人大讨论决定重大事项制度，增加规定：地方人大常委会讨论本行政区域内的重大事项和项目，可以作出决定或者决议，也可以将有关意见、建议送有关国家机关或者单位研究办理。三是健全地方人大及其常委会的议事制度。（1）根据新冠肺炎疫情防控期间地方人大召开会议的实践，增加规定：地方各级人大会议召开的日期由本级人大常委会或者乡镇人大主席团决定并予以公布；遇有特殊情况，县级以上地方各级人大常委会或者乡镇人大主席团可以决定适当提前或者推迟召开会议，提前或者推迟召开会议的日期未能在当次会议上决定的，常委会或者其授权的主任会议、乡镇人大主席团，可以另行决定并予以公布。（2）明确地方各级人大举行会议，应当合理安排会期和会议日程，提高议事质量和效率。（3）根据地方的实践经验，增加规定：乡镇人大听取和审议乡镇人大主席团的工作报告；县级以上地方各级人大常委会主任可以委托副主任主持常委会会议。地方组织法第六次修正后，地方人大及时组织对地方性法规及其他规范性文件涉及地方组织法内容进行专项清理，以保证修改后的地方组织法全面有效实施。

在基层人大建设方面：多年来，由于乡镇人大会期短、议程紧，会议质量得不到保证，许多职权难以落到实处；乡镇人大主席团和主席难以开展经常性工作，乡镇人大主席兼任较多，工作力量薄弱，闭会期间的日常工作难以得到保证。许多地方通过制定乡镇人大工作条例、乡镇人大主席团组织条例等，就解决有关问题进行了探索。2015年6月，中共中央转发《中共全国人大常委会党组关于加强县乡人大工作和建设的若干意见》，在总结实践经验基础上，有针对性地对认真开好乡镇人民代表大会，明确乡镇人大在闭会期间的职权和活动方式，对乡镇人大主席的设置和专职工作人员配备上予以支持等提出了明确要求。同年，全国人大常委会及时修改了地方组织法的相关规定，提出了一系列加强和改进的举措，明确了乡镇人大主席团在闭会期间的职责，规定"主席团在本级人民代表大会闭会期间，每年选择若干关系本地区群众切身利益和社会普遍关注的问题，有计划地安排代表听取和讨论本级人民政府的专项工作报告，对法律、法规实施情况进行检查，开展视察、调研等活动；听取和反映代表和群众对本级人民政府工作的建议、批评和意见。主席团在闭会期间的工作，向本级人民代表大会报告"。省、自治区、直辖市也大都召开专门会议，出台相关文件，贯彻落实若干意见和有关法律精神。近年来，各地贯彻落实若干意见和修改后的地方组织法，结合县乡人大换届选举，推动乡镇人大建设取得重要进展。主要表现在：一是绝大多数乡镇人大实现了主席专职配备，许多地方还配备了专职副主席。二是乡镇人大主席团人数有所增加，配备更加规范。三是不少乡镇人大设立了办公室，实现了乡镇人大工作有人理事、有人干事。四是大部分地方的乡镇人大召开了年中人民代表大会会议，落实了乡镇人大主席团"季会制"等。

在人大新闻宣传工作方面：地方各级人大认真贯彻党的新闻宣传工作方针，坚持弘扬主旋律，传播正能量，及时传递人大声音，努力讲好人大故事，充分展示人大形象，不断扩大人大工作社会影响力。注重宣传平台、形式和载体创新，普遍与报社、电台、电视台合作，开辟了人大专版和专栏，着力把人大声音传递得更远，把人大的故事讲得更生动。拓展宣传平台，创新宣传形式，深化宣传内容，在开展人大常委会专题询问、人大代表问政等履职活动宣传过程中，灵活运用直播、录播、访谈、评论、动漫、短视频等多种形式，扩大人大履职的透明度，拓展社会公众参与的渠道。完善宣传载体，成立人大新媒体中心，依托传统媒体与新媒体各自优势，延伸人大新闻宣传工作的战线。建立完善人大常委会机关新闻发言人制度，组织开展新闻发布会，有效引导社会舆论。围绕增强人大制度自信，抓住人民代表大会制度建立 60 周年、出台加强县乡人大工作和建设文件、市县乡三级人大换届选举、召开中央人大工作会议等契机，积极宣传人大依法履职、主动作为的生动经验。围绕全国人民代表大会会议、地方人民代表大会会议、人大常委会会议、主任会议等重要会议和重大履职活动，及时制作专题，发布会议文件及代表、委员审议意见等内容，不断提高人大工作的社会认可度。围绕科学民主立法，实施多媒体联动、全过程跟踪报道，及时向社会释疑解惑，引导社会舆论，扩大公众对地方立法的参与。围绕开展专项审议和询问活动，通过图文视频实况直播、录播，实现会内会外互动，提高人民群众对人大监督工作的关注度。围绕开展执法检查和集中视察，参与明察暗访，报道真实情况，增强人大监督工作的社会效果。围绕代表主题实践活动，对优秀人大代表履职先进事迹进行深度报道，展示人大代表履职风采、为民情怀，激发代表履职热情。围绕代表议案建议办理情况进行跟踪关注，增强人大代表依法履职的主动性。

在人大信息化建设方面：适应新形势下人大工作信息化的要求，地方人大努力搭建信息化网络平台，拓宽与人民群众的交流渠道，加强与代表的联系沟通，密切代表与人民群众的联系，发挥信息化技术支撑的优势，使人大工作更加快捷、透明、高效和方便。一是密切人大代表联系人民群众。很多地方人大设立了代表信箱、代表留言板、网上信访，代表通过网络倾听民意，问计于民、问需于民，代表或人大工作机构及时收集、整理网民的意见和建议，认真给予答复或转交相关部门处理。二是为人大代表履职服务。许多地方都设立了代表交流互动专区，经授权认证，代表之间可以充分交流人大工作各方面意见。浙江省人大统一开发了全省各级人大代表交流平台，全省 8 万多名各级人大代表可在平台上自由发表看法、交流意见。一些地方人大设立代表服务网络平台，为人大代表提供人大和"一府两院"的文件、参阅材料和工作动态、重要情况，发送会议通知和手机短信提醒，保障代表知情知政。建设网上数字图书馆，向代表提供报纸期刊、图书资料等电子资源。三是加强人大机关联系人民群众。很多地方人大设立了互联网网站，保障人民群众依法、及时、全面获取人大工作信息。一些地方建立了信息数据查询系统，公民可以通过网站有关栏目或法律法规数据库和公报数据库，免费获取法律、立法文件及有关立法、监督和代表信息。一些地方人大推行了地方性法规草案在互联网网站公开征求意见，修改建议有许多被吸收到新制定或修改的法规条文中，形成良性互动。一些地方人大利用 App（手机客户端）、平板电脑等移动互联网终端，主动发布重要的会议通知和相关信息，方便公众和记者了解会议。利用社交媒体微博、"微信公众号"、QQ 群等新媒体推送人大工作重要信息，传播人大声音。江苏省人大开设微信公众号，人民群众通过关注江苏人大公众号即可联系人大和人大代表，并通过微信平台实现代表与人民群众在线互动和信息定向推送；设立规范性文件审查建议受理平台，任何单位或个人都可以通过该平台对省内规范性文件提出审查建议，省人大常委会则依法审查并作出处理。不少地方通过网络平台，对人大立法、监督等工作以在线问卷或投票的形式进行民意测验，为人大工作的科学化、民主化提供参考数据。四是密切上下级人大之间的联系。不少地方人民代表大会会议、代表团团组会议、人大常委会会议和新闻发布会等活动通过图文和视频网络进行直播。上海市、福建省人大还在各区市县人大设立了视频会议室，本级人大和下级人大代表可自愿、就近观看常委会会议全程直播，并可通过网络平台随时发表意见。五是加强人大与"一府两院"的联系。人大代表通过网络平台提出议案和建议，实时跟踪"一府两院"办理情况，并对办理结果进行评价，有效提高了议案、建议的办理效率和质量。广东省人大率先建设了实时在线财政预算监督系统，与财政部门实现预算信息联网。六是实现电子表决、选民电子登记和常委会会议无纸化。地方各级人大普遍采用了电子表决形式，极大提高了投票、计票的效率和准确性。针对全国许多地方普遍存在流动人口、人户分离、科技园区政区分离等情况，各地开发完善选民登记信息管理系统，有效解决了错登、漏登、重登等问题。许多地方人大建设了常委会会议文件系统，会议文件、资料事先推送到委员的平板电脑，方便查询、阅读，基本实现了无纸化会议。

参考文献

1. 全国人大常委会办公厅研究室编：《地方人大设立常委会40年理论与实践》，中国民主法制出版社2020年版。

2. 顾介康主编：《民主政治建设的理性探索——纪念人民代表大会制度建立五十周年论文选编》，中国民主法制出版社2005年版。

3. 钱协寅主编：《民主政治的跨越——纪念地方人大设立常委会二十周年》，中国民主法制出版社1999年版。

4. 杨雪冬：《地方组织法修改与地方人大制度建设》，《复旦政治学评论》2011年。

5. 任信文：《深推稳进的地方人大信息化建设》，《中国人大》2014年第16期。

　　我国的人民代表大会制度，是中国共产党领导人民在长期革命斗争中创造的一种新的政权组织形式。1949 年 9 月 29 日，中国人民政治协商会议第一届全体会议通过的《中国人民政治协商会议共同纲领》提出："中华人民共和国的国家政权属于人民。人民行使国家政权的机关为各级人民代表大会和各级人民政府。"人民代表大会制度由此确定。1949 年至 1954 年 8 月，从中国人民政治协商会议和地方各界人民代表会议向各级人民代表大会过渡。1954 年 9 月，第一届全国人民代表大会第一次会议召开，我国人民代表大会制度建立。至今，人民代表大会制度走过了 70 年，回顾这 70 年历程，从 1954 年到 1966 年人民代表大会制度全面确立并曲折发展；"文化大革命"的 10 年，人民代表大会制度遭受严重破坏；从粉碎"四人帮"特别是党的十一届三中全会开始，人民代表大会制度得到恢复和进一步健全，人大工作取得重大进展。党的十八大以来，我们党立足新的历史方位，深刻把握我国社会主要矛盾发生的新变化，积极回应人民群众对民主法治的新要求新期盼，着力推进国家治理体系和治理能力现代化，健全人民当家作主制度体系，加强基层政权建设，改进人大代表工作，人大工作取得历史性成就，人民代表大会制度更加成熟、更加定型。

《中国特色社会主义根本政治制度——人民代表大会制度纪实》丛书，则是尽可能通过整理历史文献的方式，记录和展现人民代表大会制度确立、曲折发展、不断健全、逐步成熟、完善定型的制度发展和人大工作全貌。项目实施过程，是回顾中国特色社会主义根本政治制度逐渐完善的过程，是汇集70年来历代人大工作者工作成就和艰辛探索的过程。同时，也是编写团队记录、整理、学习，以及勤奋耕耘的过程。该丛书具体构成和分工如下：

《人民代表大会制度引论》，万其刚著；《人民代表大会制度发展历程》，万其刚著；《人大选举制度和任免制度》，徐丛华著；《人大立法制度》，主编：张生，副主编：刘舟祺、邹亚莎、罗冠男；《人大代表工作制度》，章林、李跃乾、刘福军、王仰飞编著；《人大讨论决定重大事项制度》，任佩文、吴克非、王亚楠编著；《人大监督制度》，吉卫国著；《人大会议制度》，陈家刚、蔡金花、隋斌斌著；《人大对外交往工作》，王柱国、陈佳美思、庞明、刘亚宁编著；《人大自身建设》，唐亮、万恒易、梁明编著；《人大选举和任免工作纪实》，主编：任佩文，副主编：王亚楠；《人大代表工作纪实》，主编：任佩文，副主编：吴克非；《人大会议工作纪实（目录）》，主编：李正斌，副主编：高嚣；《人大立法工作纪实（目录）》，主编：曾庆辉，副主编：邱晶；《人大监督工作纪实（目录）》，主编：曾庆辉，副主编：邱晶。

上述作者分别来自全国人大、北京市人大、安徽省人大、兰州市人大、人民代表报、中国社会科学院法学所、北京联合大学、西安交通大学、西北师范大学、江西师范大学、中共广东省委党校等单位，既有一直从事人大制度研究的学者，也有长期从事人大工作的实务工作者。

限于出版篇幅，丛书暂未收录地方人大相关文献；同时，适应出版新形态的需要，部分工作纪实将目录纸质出版，具体内容同步以数据库方式出版。参与数据库编纂工作的人员有杨积堂、周小华、王维国、崔英楠、曾庆辉、邱晶、李正斌、高鬻、王柱国、陈佳美思、庞明、刘亚宁、任佩文、吴克非、王亚楠、刘宇、周悦、曹倩、赵树荣、姜素兰、王岩、魏启秀、沙作金、马磊、张新勇、李少军、喻思敏、钟志龙、王婷、邱纪贤、钮红然、祝蓉、陈敏、杨世禹、常晓璐、周义、王乔松、梅润生、杨娇、周鹏、李俊、杨蕙铭、徐博智、于淼、陈东红、冯兆惠、石亚楠等同志。丛书由杨积堂和吴高盛担任执行总主编并负责统稿。

"中国特色社会主义根本政治制度——人民代表大会制度纪实"是所有参与人员努力协作的成果，由于时间跨度大，内容交叉多，为了尽可能反映 70 年来人大工作的全貌，各部分作者之间反复进行沟通、协调，力求内容准确全面，同时尽可能避免重复。在编写过程中，每一位作者、编辑都倾尽全力，以高度的责任感和使命感投入工作，翻阅了大量文献资料，进行了深入研究与探讨。虽然我们已竭尽全力，但深知丛书一定存在不足之处，我们期待着读者的反馈与建议，以便在未来不断改进和完善。

在丛书即将出版之际，我们要特别感谢全国人大图书馆为文献查阅提供的帮助和支持，感谢北京联合大学人民代表大会制度研究所从选题策划到最终编写全过程给予的大力支持。中国民主法制出版社刘海涛社长、贾兵伟副总经理带领团队，对丛书编写、审读、编辑、出版的每一个环节给予严谨的指导和热忱的帮助，责任编辑张霞、负责数据库开发的翟锦严谨、敬业，在此一并表达敬意和感谢。

习近平总书记强调："人民代表大会制度，坚持中国共产党领导，坚持马克思主义国家学说的基本原则，适应人民民主专政的国体，有效保证国家沿着社会主义道路前进。人民代表大会制度，坚持国家一切权力属于人民，最大限度保障人民当家作主，把党的领导、人民当家作主、依法治国有机统一起来，有效保证国家治理跳出治乱兴衰的历史周期率。人民代表大会制度，正确处理事关国家前途命运的一系列重大政治关系，实现国家统一高效组织各项事业，维护国家统一和民族团结，有效保证国家政治生活既充满活力又安定有序。"值此全国人民代表大会成立 70 周年之际，我们希望这套丛书能够为人民代表大会制度研究和实务工作的更好开展尽绵薄之力，把国家根本政治制度坚持好、完善好、运行好、宣传好，努力开创人大工作新局面。

编　者